세상을 보는 달콤한 지혜

인생은 속도가 아니라 방향이다

세상을 보는 달콤한 지혜

발타자르 그라시안 지음 ㅣ 장운갑 편역

레몬북스
lemon books

글로벌 시대의 성공 노하우

과학과 의학 발달로 인간의 평균수명은 점점 더 길어지고 있다. 이에 반하여, 일자리는 한정되어 있기에 정년의 은퇴 시기는 조금씩 빨라지고 있다. 공급에 비해 수요가 넘쳐나다 보니 웬만한 기능적 전문성 하나만으로는 이제 경쟁에서의 생존을 장담할 수 없다. 세상은 지금 우리에게 다재다능한 슈퍼맨 혹은 원더우먼이 될 것을 요구한다. 분명, 한 우물만 꾸준히 파면 성공을 보장했던 시대는 지나갔다. 그야말로 융·복합, 통섭을 기반으로 한 멀티 플레이어의 시대가 온 것이다. 통섭적 지식과 능력은 물론이거니와 무슨 일에서나 최고가 되겠다는 프로정신, 새로운 일을 시도하는 도전정신을 다 갖추어야 지금의 21세기를 제대로 살아갈 수 있다.

프로는 늘 준비한다. 그러면서 자신을 완벽히 표현한다. 아무리 뛰어난 능력을 갖춘 사람일지라도 그 능력을 제대로

4

표현하지 못한다면 그는 그저 평범한 아마추어다. 타고난 능력보다 더 중요한 것이 표현의 기술일 수 있다. 주위의 훌륭한 인물들로부터 끊임없는 자극을 받고, 그들을 흉내 내며, 잠자고 있던 자신의 재능을 깨워 역동적 에너지를 창출해내는 것, 그게 연출력이다. 인생이라는 무대에서 그 연출력을 쌓아야 한다. 그렇게 스스로를 멋진 나로 만드는 연출법에 통달해야 한다.

스스로 변하고자 하는 열정만이 자기 극한의 임계점을 넘기는 화력이 될 것이다. 인생에서 성공하려면 내가 부딪힐 법한 온갖 문제들을 어떻게 다룰 것인지, 또 거기에서 무엇을 얻어 어떤 방향으로 개선할 것인지를 깨달아야 한다.

세상은 각양각색의 사람들의 다양한 의견들로 넘친다. 그들의 목소리에 귀를 기울이되, 무비판적으로, 무조건적으로

따를 필요는 없다. 무언가를 수용하는 데에서 자기 필터를 구축해야 한다는 말이다.

우리는 지금, 과거에 회피했던 일탈이나 부조화, 금기 파괴, 엽기, 패러독스가 상품의 속성이 되고 마케팅전략이 되는 글로벌 시대를 살고 있다. 아니다 싶으면 과감하게 무시하거나 단호하게 거절하는 것이 삶을 현명하게 사는 지혜다. '예스'와 '노'를 얼마나 적절하게 사용하는가는 이제 글로벌 시대의 필수 성공 조건이 된 것이다.

이런 맥락에서 발타자르 그라시안의 글을 『세상을 보는 달콤한 지혜』로 편역하게 되었다. 이 책의 바탕이 된 작품은 그라시안의 『신탁 Elor culo manual y arte de prudencia(1647)』이다. 『신탁』은 사물의 이치를 깨달은 인간들과 더불어 살아가는 데 필요한 지혜를 집대성한 잠언집이다.

그라시안은 만년에 인간생활의 여러 가지 모습을 우의적으로 날카롭게 비판한 글을 많이 썼다. 그 때문에 시골로 추방되어 집필 금지와 단식 명을 받았다. 결국 그는 건강이 나빠져 병사하고 말았다. 하지만 훗날의 사람들은 그에게 무죄를 선고했다. 그라시안의 『신탁』은 불후의 생명을 얻었으며 아직도 많은 사람의 애독서로 자리매김하고 있다. 17세기를 살았던 그라시안의 지혜는 가치관이 더욱 다양화되고 인간관계가 한층 더 복잡해진 현대인의 삶에 오히려 더 필요한 것이다. 시공을 초월하는 그의 실제적인 처세술은 이 시대를 살아가면서 적용해야 할 것으로 전혀 손색이 없다. 그만큼 인간에 대한 그라시안의 통찰력이 날카롭다고 하겠다. 쇼펜하우어가 극찬했듯이, 평생 옆에 두고 함께해야 할 책, 특히 앞으로 세상에 나아가 날갯짓하려는 젊은이들에게는 최고의 지침서가 될 것이다.

2014년 1월
장운갑

Contents

자신의 말을 고집하여 상대방에게 승리를 거두는 것보다 잃는 것이 더 많을 때가 있다. 자신이 아무리 옳다고 주장해도 누구도 그것을 인정해주지 않을 때는 슬며시 백기를 들면 된다. 고집을 피운다는 것은 돌아가는 상황을 제대로 보고 있지 못하다는 증거다.

용기 없는 자는 자신의 마음을 단련하는 데 힘써야 한다. 용기가 넘치며 자신감이 있는 사람은 어떤 고난에도 잘 견딘다. 결코 운명에 굴복해서는 안 된다. 굴복하면 불운이 또 다른 불운을 불러와 더욱 견디기 어려운 운명에 휩싸이게 된다.

친구와 사이가 벌어져 적이 되었다고 해도 친했을 때 알게 된 사실을 무기로 상대방을 공격해서는 안 된다. 우정이 증오로 바뀌었다 하더라도 지난날 자신에게 보여줬던 신뢰를 악용해서는 안 된다.

Chapter 1

성공의 지혜

"

자신의 말을 고집하여 상대방에게 승리를 거두는 것보다 잃는 것이 더 많
을 때가 있다. 자신이 아무리 옳다고 주장해도 누구도 그것을 인정해주지
않을 때는 슬며시 백기를 들면 된다. 고집을 피운다는 것은 돌아가는 상황
을 제대로 보고 있지 못하다는 증거다.

"

'노'와 '예스'를 현명하게 구사하라

누구의 말이 되었든 무조건적으로 다 받아들일 수는 없는 법이다. "노"라고 말하는 것도 부탁을 들어주는 것만큼 중요한 것으로, 특히 윗자리에 있는 사람일수록 더욱 그렇다.

문제는 그것을 말하는 방법이다. 어떤 사람의 '노'가 다른 사람의 '예스'보다 더 고맙게 느껴지는 경우도 있다. '노'도 겉모양을 잘 꾸민다면, 무뚝뚝한 '예스'보다 더 기분 좋게 들릴 수 있는 것이다.

언제나 "노"라고만 대답해서 상대방을 실망하게 만드는 사람들이 많다. 그들이 뱉은 '노'라는 말이 가장 먼저 떠오르기 때문이다. 상대방이 처음에 받았던 불쾌한 인상이 너무 강하기 때문에 이런 사람들은 나중에 부탁을 들어주더라도 상대방에게 좋은 인상을 심어줄수 없다.

타인의 청을 한마디로 딱 잘라 거절해서는 안 된다. 실망은 조금씩 맛보게 하는 것이 좋다. 결코 처음부터 끝까지 거절로 일관해서는 안 된다. 그러면 누구나 앞으로는 절대 부탁하지 않겠다고 생각할 것이다. 언제나 마지막 희망의 끈을 남겨두어 거절의 쓴맛을 조금은 부드럽게 할 필요가 있다. 호의를 베풀지 못하는 것을 예의 바른 행동으로 보충하고, 도움을 주지 못하는 것을 정중한 말로 보충하라.

'노'와 '예스'는 짧은 말이지만 그것을 말할 때는 잘 생각한 뒤에 구사해야 한다.

타인이 무엇인가를 부탁할 때, 영문도 모른 채 그것을 받아들여서는 안 된다. 위험한 일에는 관여하지 않는 것이 좋다. 그리고 무슨 일에나 처음부터 "노"라고 대답하는 사람에게는 신중하게 얘기를 꺼내야 한다. 본심은 숨기고 있는 것이 현명하다.

그렇게 하면 상대방은 "예스"라고 말해도 귀찮은 일은 일어나지 않을 거라고 생각할 것이다. 특히 자신의 이야기에 상대방이 난색을 표명할 것이라 생각될 때는 결코 본심을 드러내선 안 된다. 반대로 상대방의 부탁 뒤에 다른 의도가 숨어 있을 것 같을 때는 철저하게 상대의 진의를 파악해야 한다.

'노'와 '예스'는 짧은 말이지만 그것을 말할 때는 잘 생각한 뒤에 구사해야 한다.

하나의
진실을
지혜롭게
전하라

너무 자신의 의견을 내세우지 말라. 누구나 자신의 이익을 최우선으로 생각하며 자기 자신의 정당성을 주장하기 위해 온갖 논거를 늘어놓는다. 대개의 경우, 사람의 판단은 감정에 크게 좌우된다. 두 사람이 서로 자신의 주장이 옳다며 으르렁대는 모습을 흔히 볼 수 있다. 사실, 진실은 언제나 하나다. 진실이 두 개인 경우는 없다. 타인의 의견과 충돌하게 됐다면 지혜를 짜내서 신중하게 이야기를 끌고 나가야 한다. 경우에 따라서는 지금과 반대되는 입장에 서서 주의 깊게 의견을 바꾸기도 해야 한다. 상대방의 관점에서 자신의 동기를 검토해볼 필요도 있을 것이다. 그렇게 하면 무턱대고 상대방을 비난하는 일도, 무조건 자신을 정당화하는 일도 사라질 것이다. 진실은 그것을 취급하는 방법에 따라 단 것이 될 수도 있고 쓴 것이 될 수도 있다.

　마음이 올바른 자는 진실을 밝히지 않고는 견디지 못한다. 사람들에게 진실을 밝히기 위해서는 대단한 기술이 필요하다. 상대의 마음을 꿰뚫어보는 사람은 진실의 고통을 줄이는 요령을 터득하고 있다. 칼같이 진실만 얘기함으로써 상대방의 거짓을 가차 없이 들춰낸다면 진실은 그저 쓴맛을 지닌 것밖에 되질 않는다.

타인에게 진실을 얘기할 때는 신중하게 말을 고르고 예의를 잃지 않도록 해야 한다. 같은 하나의 진실이 이야기하는 방법에 따라서 듣기 편한 선율이 되기도 하고 귀에 거슬리는 소음이 되기도 하는 법이다.

남에게 충고를 할 때 지난날의 사례들을 들어 진실을 깨닫게 하는 것도 하나의 방법이다. 상대방이 총명한 사람이라면 넌지시 암시를 주는 것만으로도 진실을 전할 수 있으며 때로는 아무런 말을 하지 않아도 상대방이 진실을 깨닫는 경우도 있다.

윗사람에게는 쓸쓸한 진실을 그대로 전달해서는 안 된다. 그들이 받을 충격을 줄이기 위해서는 진실을 먹기 좋도록, 향기 나는 종이에 싸서 이야기할 필요가 있다.

타인의 의견과 충돌하게 됐다면 지혜를 짜내서 신중하게 이야기를 끌고 나가야 한다. 경우에 따라서는 지금과 반대되는 입장에 서서 주의 깊게 의견을 바꾸기도 해야 한다.

맹수 같은
말을 가두고,
총명한 말을
내보내라

말은 맹수다. 일단 우리 밖으로 뛰쳐나오면 다시 가두기 힘들다. 말은 마음의 맥박이기도 하다. 명의가 맥을 짚어 건강 상태를 알아보듯, 현명한 사람은 상대의 말에 귀를 기울여 속내를 주도면밀하게 알아본다.

어리석은 사람일수록 입이 가벼운 경우가 많다. 총명한 사람은 마찰을 피하려 하며, 상황에 따라 타협도 하고, 입을 조심해 쓸데없는 말을 삼간다. 그래서 현자를 일컬어 신중한 사람이라고 하는 것이다.

언어와 행동이 하나가 되어야만 참된 인간이 될 수 있다. 도리에 맞는 이야기를 하고 존경받을 만한 행동을 해야 한다. 총명한 말은 명석한 머리를, 올바른 행동은 마음의 고결함을 나타내는데, 이 두 가지가 참된 인간이라는 증거가 된다.

타인을 칭찬하는 것도 중요하지만 사람들에게 칭찬받을 만한 행동을 해야 한다. 말로 뱉는 것은 쉽지만 실제로 행하기는 어렵기 때문이다. 행위야말로 인생의 실질적인 모습이며 총명한 인생을 장식하는 것이다. 뛰어난 행동은 언제까지고 사람들에게 기억되지만 말만 뛰어난 자는 곧 잊히고 만다. 훌륭한 행동은 숙고 끝에 태어나는 것이다. 말은 총명하게, 행동은 고결하게 해야 한다.

타인과의 대회에 능숙한 사람이 되어야 한다. 대화술은 그 사람을 재는 척도가 된다. 인간의 모든 활동 중에서 대화만큼 사려분별이 요구되는 것도 없다. 사람은 언제나 누군가와 이야기를 하고 있기 때문이다. 성공 혹은 실패 여부는 대화 능력에 달려 있다.

편지는 머리로 생각한 것을 기록한 일종의 대화로, 이 역시 신중하게 적지 않으면 안 된다. 하지만 사람과 이야기할 때는 그것 이상으로 신중을 기하지 않으면 안 된다. 분별력이 있는지 없는지를 그 자리에서 판단할 수 있기 때문이다. 대화술이 뛰어난 사람은 그 자리에서 상대방의 말의 진의를 속속들이 파악해낸다. 지난날 어떤 현인은 "무슨 말이든 나눠보면 그 사람의 성품을 알 수 있다"고 말했다.

복장은 꾸미지 않는 것이 좋은 것처럼, 대화할 때도 무엇인가를 의식할 필요 없이 있는 그대로 하는 게 좋다. 격이 없는 친구들끼리라면 상관없지만 지위가 높은 사람들의 모임에서는 좀 더 신중한 마음가짐으로 이야기해야 한다. 그 사람의 그릇의 크기가 사람들 앞에 그대로 드러나기 때문이다.

사람들과 능란하게 대화하고 싶다면 상대방의 성품, 두뇌의 명석

17

한 정도에 자신을 맞춰야 한다. 상대방의 말꼬리를 잡고 늘어져서
는 안 된다. 타인의 말에 일일이 비난한다면 결국 사람들이 멀리하
며 상대해주지 않을 것이다. 타인과 대화를 나눌 때는 청산유수처
럼 이야기하기보다는 신중하게 말을 골라 하는 것이 훨씬 더 중요
하다.

어리석은 사람일수록 입이 가벼운 경우가 많다. 총명한 사람은 마찰을 피
하려 하며, 상황에 따라 타협도 하고, 입을 조심해 쓸데없는 말을 삼간다.
그래서 현자를 신중한 사람이라고 하는 것이다.

정확하게
이야기하되,
난해한 말을
사용하라

말을 할 때는 확실히 일목요연하게 해야 한다. 좋은 생각을 가지고 있으면서도 표현에 서툰 사람들이 있다. 이런 사람들의 이야기는 논리가 우왕좌왕하기 때문에 제아무리 좋은 의견이나 뛰어난 제언을 한다 해도 결국 묻힌다.

언제나 타인의 말에 귀를 기울이지만, 자신의 의견을 말해야 할 때가 되면 제대로 말하지 못하는 사람도 있다. 그런가 하면 생각에 없었던 말까지 줄줄이 잘도 늘어놓는 사람들도 있다. 무슨 일이 있어도 흔들리지 않는 강인한 의지는 인생을 살아가는 데 매우 중요한 요소이며, 명석한 두뇌를 소유하는 것도 그에 못지않게 중요한 요소다.

물론 너무 쉽게만 이야기해서는 안 된다. 대부분의 사람은 자신이 알아들을 만한 이야기는 그리 대단할 것 없다 생각하며 자신이 이해할 수 없는 것을 우러러본다. 난해한 것만이 높은 평가를 얻는다. 누구도 알아듣지 못할 이야기를 하면 위인이라는 평을 듣게 될 것이다.

사람들에게 존경받고 싶다면 상대방보다 훨씬 더 현명하고 분별 있는 것처럼 보이면 된다. 하지만 거기에도 절도라는 것이 필요하다. 지식인은 참으로 총명한 자를 중히 여기지만, 일반 대중은 고상하게 보이기만 하면 그것만으로도 존경하는 법이다. 상대방이 생각할 때 난해한 정도로 이야기를 해야 한다. 쉽게만 하는 이야기는 결국 상대방에게 비판의 실마리를 제공하게 된다.

이유를 물으면 제대로 답하지도 못하면서 화자를 칭찬하는 사람들이 매우 많다. 이는 자신이 확실히 이해할 수 없는 말을 화자가 하기 때문에 존경하는 것이며, 다른 사람들이 칭찬하는 것을 들었기 때문에 자신도 칭찬하는 것이다.

지식인은 참으로 총명한 자를 중히 여기지만, 일반 대중은 고상하게 보이기만 하면 그것만으로도 존경하는 법이다.

궤변을 멀리하라

극단적인 주장은 불평을 초래할 뿐이다. 위엄에 손상이 가는 말을 하는 것은 어리석은 자나 하는 짓이다. 역설적인 말, 특히 궤변은 일종의 기만으로, 처음에는 그럴듯하고 참신하게 들리기 때문에 흥미를 끌고 상대방을 놀라게도 한다. 하지만 후에 엉터리였다는 사실이 밝혀지면 불명예를 떠안게 된다.

궤변에는 사람을 현혹하는 매력이 있지만 그것이 정치판에 도입되면 한 나라를 파멸로 몰고 갈 수도 있다. 특별히 뛰어난 장점이 없는 사람일수록 궤변을 늘어놔 사람들의 시선을 끌려고 한다. 어리석은 자는 그것을 듣고 끊임없이 감탄하며 때로는 현자조차도 깜빡 속아버린다.

궤변을 늘어놓는다는 것은 현상을 정확하게 판단할 능력이 없으며 사리분별이 부족하다는 증거다. 궤변의 근거가 되는 것은 거짓과 불확실한 사실이다. 그런 것을 입에 담으면 당연히 자신의 위엄에 손상을 입게 된다.

궤변을 늘어놓는다는 것은 현상을 정확하게 판단할 능력이 없으며 사리분별이 부족하다는 증거이다.

말에
달콤함을
입혀라

비단처럼 고운 말은 사람의 마음을 자연스럽게 사로잡는다. 화살이 몸을 꿰뚫듯, 더러운 말은 사람의 마음을 찌른다. 달콤한 사탕에서 좋은 향내가 나듯, 달콤한 말에서도 좋은 향기가 난다.

　말은 공기 같은 것이다. 사람의 마음을 사로잡기에 능한 사람은 상대방에게 공기를 주는 것처럼 말한다. 이 세상 대부분의 것들은 말로써 살 수 있다. 궁지에 몰린 사람을 오직 말로만 구할 수 있는 경우도 있다. 상대방이 완전히 들떠 있을 때나 멍하니 이야기를 듣고 있을 때는 말로써 마음대로 상대를 조종할 수가 있다. 윗사람의 부드러운 말 한마디에는 부하의 마음을 움직이는 힘이 있다.

　말에 나의 적조차도 좋아할 만한 달콤함을 입혀야 한다. 사람들에게 사랑받는 단 한 가지 방법은 온화하고 상냥하게 말하며 사람을 대하는 것이다.

말에 나의 적조차도 좋아할 만한 달콤함을 입혀야 한다. 사람들에게 사랑
받는 단 한 가지 방법은 온화하고 상냥하게 말하며 사람을 대하는 것이다.

나와 타인에게
해를 주는
분노를
경계하라

무슨 일이 있어도 결코 화를 내지 않는 것은 미덕이 아니다. 마땅히 화를 내야 할 때 내지 않는 것은 인간적인 측면에서 바람직하지 않다. 어떤 이가 그런 유형이라면, 그가 화를 내지 않는 것에 둔감하기 때문만은 아니다. 어리석기 때문에 화를 내야 한다는 것을 모르는 경우도 많다. 마땅히 화를 내야 할 때는 주저하지 말고 화를 폭발시켜야 한다. 그것이 정신건강에도 좋다.

허수아비가 아무것도 할 수 없다는 사실을 알면 새들은 무시한다. 엄격한 면도 있고 부드러운 면도 있는 것이 분별 있는 인간의 참된 모습이다. 언제나 웃기만 하는 것은 어린아이와 어리석은 자뿐이다. 너무 둔감하면 커다란 재앙을 맞이하게 된다. 세상에는 지나치게 선량해서 신세를 망치는 경우도 있는 법이다.

물론, 그렇다고 너무 쉽게 화를 내선 안 된다. 감정적으로도 성급한 사람은 자신을 위험에 빠뜨릴 뿐만 아니라 타인에게도 해를 준다. 스스로의 언동과 행실 때문에 자신의 위신에 손상을 입히고 타인의 체면까지도 깎아내린다.

어디를 가나 그런 사람들은 있게 마련이다. 그런 사람들과 원만한 관계를 유지하기란 그리 쉬운 일이 아니다. 아침부터 밤까지 타인을 불쾌하게 만들고 그래도 만족하지 못한다. 눈에 보이고 귀에 들리는 모든 것에 화를 내며 이야기를 나누는 모든 사람에게 덤벼든다. 무슨 일이든 나쁜 쪽으로만 생각하며 꼬투리를 잡아 반대를 한다. 이처럼 사람을 괴롭히고 피곤하게 만들면서 스스로는 어떤 일에도 만족하지 못해 타인의 험담만을 일삼는다.

세상에는 이런 식으로 불평불만을 분출하는 사람들, 분노의 괴물들이 헤아릴 수 없이 많다.

너무 쉽게 화를 내선 안 된다. 감정적으로도 성급한 사람은 자신을 위험에 빠뜨릴 뿐만 아니라 타인에게도 해를 준다. 스스로의 언동과 행실 때문에 자신의 위신에 손상을 입히고 타인의 체면까지도 깎아내린다.

세상을 보는 달콤한 지혜

지성과 판단력으로
인생의 열매를
맺게 하라

풍부한 지성과 냉철한 판단력은 인생의 열매를 맺게 한다.

뛰어난 상상력을 가지고 있다는 것은 뛰어난 재능이요, 이성적인 판단이 가능하며 사물을 구별해낼 줄 아는 안목을 가지고 있는 것은 더욱 멋진 재능이다. 지성은 날카롭지 않으면 안 된다. 사소한 일로 생각이 뒤엉켜서는 안 된다. 지혜가 결핍된 근성은 아무짝에도 쓸모가 없다.

20대에는 의지가 인간을 지배하며, 30대에는 지성이, 40대에는 양식이 인간을 지배한다. 어둠 속에서 들고양이의 눈이 빛나듯, 세상 속에서 이성의 빛으로 빛나는 지혜로운 자들이 있다. 한 치 앞도 보이지 않는 깊은 어둠 속에서 그들의 두뇌는 더욱 빛을 발한다.

언제, 어떤 경우에나 그 자리에 가장 어울리는 생각을 떠올리는 자도 있다. 그런 사람은 멋진 아이디어를 끊임없이 떠올린다. 이와 같은 기지를 지닌 자는 참으로 행복한 사람이다. 이런 사람은 풍성한 취미를 가지면서 일생을 통해 삶에 생기를 불어넣어준다.

사람의 성격은 7년을 주기로 변한다고 한다. 이 변화기에 자신의 식견을 높이도록 노력해야 한다. 인간은 태어나서 7년이 지나면 이성을 갖게 된다. 이처럼 7년이 지날 때마다 새로운 능력이 몸에 붙게 되는 것이다. 자연스러운 성장에 더해서 스스로의 노력으로 인격을 높여야 한다. 그리고 타인도 그처럼 성장하는 것이라 생각하고 따뜻한 시선으로 지켜봐야 한다. 성공에 이른 많은 사람이 이런 식으로 행동을 해 높은 지위에 오르고 천직에 종사할 수 있었다.

물론 이러한 변화는 서서히 일어나는 것이기 때문에 아무리 커다란 변화라 할지라도 뒤돌아보지 않으면 변화를 명확히 인지하지 못한다. 사람은 20세에 공작이 되고, 30세에 사자가 되며, 40세에는 낙타, 50세에는 뱀, 60세에는 개, 70세에는 원숭이가 되며, 80세에는 무無로 돌아간다.

사람의 성격은 7년을 주기로 변한다고 한다. 이 변화기에 자신의 식견을 높이도록 노력해야 한다. 인간은 태어나서 7년이 지나면 이성을 갖게 된다. 이처럼 7년이 지날 때마다 새로운 능력이 몸에 붙게 되는 것이다. 자연스러운 성장에 더해서 스스로의 노력으로 인격을 높여야 한다.

세상을 보는 달콤한 지혜

시대의 **흐름을** 따르라

홀로 고고함을 과시하기보다는 사람들과 함께 걸어가야 한다. 주변 사람들이 모두 미쳐 있다면 자신도 미쳐버리는 편이 훨씬 더 마음 편할 것이다. 홀로 제정신이라고 생각해봐야 세상 사람들로부터 기이한 사람 취급을 받을 것이 빤하다. 시대의 흐름에 맞춰서 살아가는 것이 중요하다. 그렇기에 때로는 아무런 지혜도 없거나, 지혜가 없는 척하는 사람이 가장 지혜로운 사람이 되기도 한다.

인간은 타인들과 함께 살아가야 하는 존재다. 더불어 살아가는 이 세상 대다수의 사람은 무지하다. 신에 필적할 만큼 뛰어난 특성을 갖춘 사람, 혹은 야만스럽기 짝이 없는 사람이 아니면 혼자 살아갈 수 없다. 제 홀로 어리석은 자 취급받으면서 살기보다는 대중과 함께 지혜롭게 살아가는 편이 좋다. 이 세상에는 마치 현자인 양 고고함을 과시하지만 실제로는 말도 안 되는 망상에 사로잡혀 있는 어리석기 짝이 없는 자가 있기 때문이다.

인기 있는 사람에게 홀로 맞서서는 안 된다. 많은 사람이 어떤 대상을 좋아하며 가치를 인정한다면 틀림없이 그에게 어떤 장점이 있을 것이다.

사람들과 다른 행동을 하면 반드시 미움을 사게 된다. 게다가 잘못된 행동까지 한다면 어리석은 사람 취급을 받을 것이 빤하다. 대중에게 인기 있는 사람을 경멸하면 오히려 자신이 멸시받게 된다. 취향이 이상하다며 모든 사람이 멀리할 것이다.

좋은 것을 구별해내는 눈이 없다면 감수성이 무딘 사람이라는 사실을 알아차리지 못하도록 해야 한다. 모든 것을 한꺼번에 싸잡아서 비난해선 안 된다. 무지함 때문에 사물에 대한 감각이 좋지 않은 경우가 많다. 모든 사람이 좋은 것이라고 생각하는 것은 틀림없이 좋은 것이며, 적어도 좋은 것일 가능성이 높다.

지식도 시대의 흐름에 맞는 유용한 것을 가지고 있다. 지식이 존중받지 못하는 시대라면 무지를 가장하는 것이 가장 좋다. 사고방식이 변하면 그에 따라 가치관도 변화한다. 지난날의 사고방식은 통하지 않는다. 현대에 맞는 가치관을 지녀야 한다. 지금 어떤 것이 우세한지를 잘 파악해야 한다. 무슨 일에서든 이것이 중요하다.

필요하다면 우선 시대의 흐름에 맞춰서 세상 사람들이 인정하는 가치관을 따르다가, 그런 이후에 자신이 목표로 하고 있는 곳을 향해 나아갈 필요가 있다. 현명한 사람들은 지난날의 행동방식, 사고방식이 제아무리 마음에 든다 하더라도 오늘날에 맞춰 유행하는 옷을 입는 것처럼 정신에도 현대의 옷을 입힌다.

이 사실을 염두에 두고 살아간다면 크게 문제될 것은 없다. 다만, 한 가지 예외가 있는데 그것은 인간의 덕과 관계된 문제다. 사람은 언제나 도덕에 어긋나지 않는 삶을 살아야 한다. 진실을 말해야 한다거나, 약속을 지켜야 한다는 등 옛날부터 미덕으로 여겨왔던 것들 중 많은 것이 지금은 시대착오적이다.

덕망 높은 사람은 어제나 사람들의 사랑을 받아왔지만, 지금은 먼 옛날 한가로운 시대에나 존재하던 사람들이라고 여긴다. 오늘날에도 그와 같은 사람들이 없는 것은 아니지만, 있다 하더라도 매우 드물며 사람들은 그들을 본받으려 하지 않는다. 유덕한 인사는 좀처럼 찾아볼 수 없으며 악덕만이 판치고 있는 현대는 그래서 슬픈 시대라 할 수 있겠다.

지난날의 사고방식은 통하지 않는다. 현대에 맞는 가치관을 지녀야 한다. 지금 어떤 것이 우세한지를 잘 파악해야 한다. 무슨 일에서든 이것이 중요하다.

성숙한
인간으로
거듭나라

금의 가치는 무게로 결정된다. 인간의 가치는 도덕에 어느 정도의 무게를 두고 살아가느냐에 따라 결정된다. 재능 있는 사람이 성숙하면 인간으로서 한층 더 빛을 발하게 되며 사람들로부터 존경받게 된다. 냉정한 태도는 영혼을 한층 더 고귀한 것으로 보이게 한다.

　어리석은 자의 아둔함과 침묵은 성숙이 아니다. 그것을 성숙함이라고 보는 것 자체가 어리석은 자라는 증거다. 온화한 권위가 갖춰지는 것이 참된 성숙이다. 성숙한 인간은 그 말에 지혜가 넘쳐나며 무슨 일이든 능숙하게 처리한다. 사람은 성숙할수록 참된 인간으로서 완성되어가는 것이다. 유치한 행동이 사라지고 침착함이 배어나오기 시작하면 저절로 위엄도 갖춰지게 마련이다.

성숙한 인간은 그 말에 지혜가 넘쳐나며 무슨 일이든 능숙하게 처리한다.

언행을
일치시켜라

말뿐인 사람과 실천하는 사람을 구분하기 위해서는 정확한 눈이 필요하다. 자신의 인간성을 제대로 평가해주는 친구와 자신의 지위를 보고 모여든 친구를 구별할 줄 알아야 한다.

좋지 않은 말을 하는 사람은 비록 나쁜 짓을 하지 않는다 해도 악인이라 불릴 만한 자다. 그런데 좋지 않은 말은 조금도 하지 않으면서 나쁜 짓을 하는 것은 그보다 더한 악인이라 할 수 있다. 바람과 같은 것에 지나지 않는, 믿음직스럽지 못한 말을 진심으로 받아들이거나, 겉모습만 번지르르한 것을 액면 그대로 받아들여서는 살아가기 힘들다.

말만으로 사람의 마음을 끄는 것은 거울에 비친 미끼로 새를 잡으려는 것과 같은 행동으로 하나의 덫이라 할 수 있다. 바람과 같은 말을 듣고 만족하는 사람은 허영심이 강한 사람들뿐이다. 말이 그 가치를 잃지 않기 위해서는 행위에 의한 뒷받침이 필요하다.

열매 맺지 못하고 잎만 무성한 나무는 대체로 속이 빈 경우가 많다. 열매를 맺어 이익을 가져다주는 나무와 그림자를 제공하는 도움밖에 주지 못하는 나무를 구분할 줄 알아야 한다.

언행은 일치시켜야 한다. 사려 깊은 사람은 무슨 일에나 일관된 모습을 보이기 때문에 자시의 품위를 손상시키지 않는다. 이는 그 사람의 높은 지성을 잘 보여주는 것이다. 이런 사람들은 합당한 이유가 있고 무엇인가를 얻을 수 있는 때가 아니면 태도를 바꾸지 않는다. 사리분별이라는 입장에서 보자면 변화는 악인 것이다.

말과 행동이 매일 다른 사람들이 있다. 그들의 운은 날마다 바뀌며 의지와 이해력도 나날이 달라진다. 어제 인정했던 일을 오늘은 부정한다. 그들은 자신의 평판을 배신하는 행동을 하여 사람들의 머리를 혼란스럽게 만들고 있는 것이다.

말만으로 사람의 마음을 끄는 것은 거울에 비친 미끼로 새를 잡으려는 것과 같은 행동이다.

세상을 보는 달콤한 지혜

경솔함을
탈피하라

명성을 얻는 데에서 경솔함은 가장 큰 장해물이 된다. 신중한 사람
은 보통 사람이 가지고 있지 않은 덕을 가지고 있는 것처럼 보이지
만, 경솔한 사람은 보통 사람 이하의 인간으로 보이는 법이다.

경솔함만큼 품위를 손상시키는 것도 없다. 경솔한 사람과 존경받
는 사람은 양극에 위치하고 있기 때문이다. 경솔한 사람은 속이 비
어 있는 경우가 많다. 나이 어린 사람일수록 더욱 그럴 것이다. 나
이가 들면 사람은 저절로 분별력을 갖추게 되기 때문이다.

**신중한 사람은 보통 사람이 가지고 있지 않은 덕을 가지고 있는 것처럼 보
이지만, 경솔한 사람은 보통 사람 이하의 인간으로 보이는 법이다.**

결점을
극복하라

재능이 있는 사람일수록 결점도 많은 법이다. 결점을 고칠 수 없는 것이라고 포기해버리면 점점 악화되어 결점이 폭군처럼 사람을 지배하기 시작한다.

결점을 극복하기 위해 가장 먼저 해야 할 일은 그것을 깨닫는 것이다. 최대의 결점이 무엇인지 알고 그것을 없애려 노력해야 한다. 내 결점을 꾸짖는 사람 못지않을 정도로 스스로 그 결점에 주의를 기울여야 한다. 자기 자신에 대해서 깊이 생각해 스스로를 컨트롤하는 것이다. 가장 큰 결점을 극복하기만 하면 나머지 결점들도 점점 사라질 것이다.

결점을 극복하기 위해 가장 먼저 해야 할 일은 그것을 깨달아 그 결점을 없애려 노력하는 것이다.

과묵함으로
승리하라

말수가 적다는 것은 재능 있는 인간이라는 증거다.

누구나 가슴 깊은 곳에 비밀을 숨겨둘 장소를 만들어두어야 한다. 그 넓은 장소의 조그만 웅덩이 깊은 곳에 소중한 것을 감춰두는 것이다.

침묵은 자제심에서 태어난다. 과묵한 사람이야말로 참된 승리자다. 앞으로 하려는 일을 결코 말해서는 안 되며, 남에게 보여주기 위해 말한 대로 움직여서도 안 된다.

자신의 속내를 털어놓은 사람에게는 자신이 말한 대로 행동해 보여야 한다. 털어놓은 사람의 숫자가 많을수록 부담감도 커진다.

적당한 정도를 모르는 자에게서 견실한 분별력은 나오지 않는다. 자신의 속내를 살피려는 자가 있으면 침묵은 위협을 받게 된다. 그들은 여러 사람의 말 하나하나에 달려들어 실마리를 찾으려 할 것이다. 그리고 제아무리 빈틈없는 사람이라도 자신도 모르게 본심을 털어놓게 할 만큼 비아냥거리기도 할 것이다.

앞으로 하려는 일을 결코 말해서는 안 되며, 남에게 보여주기 위해 말한 대로 움직여서도 안 된다.

완성된 **인간을** 지향하라

완성된 인간으로 태어나는 사람은 아무도 없다. 완성을 목표로 삼아 매 순간 노력을 통해 인격적으로도 직업적으로도 그 정점에 달하게 되면 재능은 저절로 빛을 발하며, 이름 또한 더욱 높아진다.

고상한 취미, 명석한 두뇌, 명확한 지식, 원숙한 판단력! 이것이 완성된 인간임을 나타내는 지표다.

끊임없이 무엇인가가 부족하여 완성의 경지에 이르지 못하는 자가 있는가 하면, 오랜 세월에 걸쳐 자신의 부족한 것을 메우며 단련하는 사람도 있다.

자신을 완성한 사람은 그 말에 예지가 넘쳐나며 분별력 있는 행동을 한다. 사려 깊은 이런 사람들은 쟁쟁한 저명인사들의 환영을 받으며 친구가 되자는 청을 받게 마련이다.

고상한 취미, 명석한 두뇌, 명확한 지식, 원숙한 판단력! 이것이 완성된 인
간임을 나타내는 지표다.

성공의 절대조건, **지식과 통찰력을** 가져라

목표 달성을 위해서는 그 일에 필요한 것이 무엇인지 잘 살펴보아야 한다. 일이 바뀌면 추구해야 할 것도 달라진다. 그 차이를 알기 위해서는 지식과 통찰력을 가져야 한다.

어떤 일에는 책략이 필요하며, 또 어떤 일에는 정교함이 필요하다. 가장 쉬운 일은 정직하게 하는 것이다. 가장 어려운 일은 뛰어난 기술을 구사하는 것이다. 전자는 선천적으로 주어진 능력만으로도 충분히 해낼 수 있지만 후자는 모든 면에서 집중력과 주의력이 요구된다.

높은 자리에서 부하들을 움직이는 것도 매우 어려운 일이다. 부하들이 전부 머리가 나쁘다면 그 일은 더욱 어려워진다. 머리가 텅 빈 사람들을 뜻대로 움직이려면 평소보다 두 배 이상의 지혜를 짜내야 한다. 무엇보다도 견디기 힘든 것은 하루 종일 혼자 매달려서 똑같은 일을 반복해야 하는 일이다.

이런 점에서 아무리 해도 싫증나지 않는 일은 신이 내린 축복이라고 할 만하다. 의미 있고 내용에도 변화가 많으며 언제나 새로운 기분을 갖게 하는 일은 최고의 만족감을 느끼게 한다. 많은 사람이 일치단결해야만 성취할 수 있는 일, 개인의 탁월한 기술이 있어야만 달성할 수 있는 일은 사람들의 선망의 대상이 된다.

목표 달성을 위해서는 그 일에 필요한 것이 무엇인지 잘 살펴보아야 한다. 일이 바뀌면 추구해야 할 것도 달라진다. 그 차이를 알기 위해서는 지식과 통찰력을 가져야 한다.

세상을 보는 달콤한 지혜

가장 확실한 길,
정도를 걸어라

확실한 방법을 선택하면 독창적이라는 평가는 얻지 못하겠지만, 견실하다는 평가는 얻을 수 있다. 모든 방면에 정통한 사람이라면 위험을 무릅쓰고서라도 자신의 꿈을 좇을 것이다. 하지만 아무것도 모르는 상태라면 잠깐 생각을 달리해야 한다. 무지의 상태에서 위험한 일을 한다는 것은 스스로 파멸의 길로 접어드는 지름길이 될수도 있기 때문이다.

무슨 일에서든 일단은 정도를 걷는 게 좋다. 수많은 시험과 시련을 거쳐 확립된 길이니 잘못되었을 리 없을 테니까 말이다. 그 방면에 정통하지 않은 자는 넓은 길로 가는 것이 좋다. 지식이 있는지 없는지를 떠나, 남들과 다른 행동을 하기보다는 확실한 길을 선택하는 편이 훨씬 더 안전하다.

무슨 일에서든 일단은 정도를 걷는 게 좋다. 수많은 시험과 시련을 거쳐
확립된 길이니 잘못되었을 리 없을 테니까 말이다.

일인자의
자리를
선점하라

다른 조건이 모두 같은 상황이라면 가장 먼저 행동한 자가 우위에
서게 된다. 가장 처음 시작한 사람이 명성의 장자長子로서 그 은혜를
독차지하게 되며, 그 뒤를 잇는 사람들은 나날의 식량을 얻기 위해
서 소송을 제기하는 정도 외에는 달리 방법이 없을 것이다. 제아무
리 열심히 노력해도 그들에게는 모방자라는 오명이 언제나 따라붙
는다.

　비범하게 머리가 좋은 사람들은 언제나 새로운 방법을 생각해내
이름을 널리 알린다. 그들은 그런 위험에 뛰어들 때, 깊은 사고와
분별력의 힘으로 매우 안전하게 일을 진행한다. 현명한 사람들은
새로움을 무기로 위인들의 이름 사이에 자신의 이름을 새겨넣을 자
리를 마련해왔다. 그렇기에 최고의 일에서 두 번째가 되기보다는
그보다 조금 못한 곳에서 첫 번째가 되려는 사람들이 의외로 많은
것이다.

다른 조건이 모두 같은 상황이라면 가장 먼저 행동한 자가 우위에 서게 된다. 가장 처음 시작한 사람이 명성의 장자로서 그 은혜를 독차지한다.

판단력으로 겨누고 결단력으로 쏴라

어리석은 자는 일을 뒤로 미루고, 현명한 사람은 바로 처리한다. 성공을 가르는 중요한 차이점은 '언제 하는가'이다.

현명한 사람은 때를 놓치지 않고 행동한다. 어리석은 사람은 언제나 늦게 행동한다. 시기를 놓친 뒤 서둘러 일을 시작하면 올바른 판단을 내리지 못하게 마련이다. 일을 여기저기 살펴본 뒤에 시작하면 자신의 생각과는 반대의 결과를 얻을 수도 있다.

어리석은 사람은 중요한 것을 소홀히 하고 그리 중요하지 않은 것에 집착한다. 오른쪽으로 가야 하는데 왼쪽으로 가며, 왼쪽에서 바라봐야 할 것을 오른쪽에서 바라본다.

일을 훌륭하게 성공시키는 최선의 방법은 무엇이든 한발 앞서 실행하는 것이다. 그렇지 않으면 즐겁게 할 수 있었던 일을 필요에 의해서 억지로 하게 되기 때문이다. 현명한 사람은 꼭 해야 할 일을 재빨리 간파하고 즐겁게 그 일을 함으로써 좋은 평판과 더불어 좋은 결과를 얻는다.

결단을 내리지 못해 우물쭈물하기보다는 다소 거칠더라도 실행하는 편이 손해가 적다. 재료는 가공할 때보다 방치해두었을 때 못쓰게 되는 경우가 더 많다.

좀처럼 결단을 내리지 못해 타인의 도움을 필요로 하는 사람들이 있다. 스스로 판단을 내리지 못해서 망설이는 것이 아니라 어떻게 해야 할지 알고는 있지만 실천력이 부족해서 망설이는 경우다. 어려움을 예측하는 것도 하나의 재능이다. 그러나 이보다 더 뛰어난 능력은 어려움을 피할 길을 찾아내는 것이다.

그 무엇에도 휘둘리지 않고 생각한 대로 행동하는, 올바른 판단력과 굳은 결단력을 겸비한 사람들이 있다. 그들은 높은 지위에 오르기 위해 태어났으며 그 명석한 두뇌의 힘으로 기어코 성공을 거둔다. 말하기가 무섭게 행동에 옮기며, 시간적으로 여유가 있을 때 일을 끝마친다. 그들은 이렇게 자신의 행운을 확신하고 더욱 자신감을 얻어 적극적으로 과감하게 전진해 나아간다.

인생은 선택 능력이 있느냐 없느냐에 따라 대개 그 성패가 결정된다. 올바른 선택을 하기 위해서는 뛰어난 안목과 정확한 판단력이 필요하다. 지성과 노력만으로는 충분하지 않다. 사물을 식별해 올바른 선택을 하지 못한다면 완성은 기대할 수 없다. 그래서 선택 능력이 중요한 것이다. 창의력이 풍부하고, 명석한 두뇌와 뛰어난 판단력을 갖추고 있고, 근면하고, 지식이 풍부할지라도, 선택의 결정적인 순간에 그릇된 방향으로 가면 그 누가 되었든 실패할 수밖에 없다.

그 무엇에도 휘둘리지 않고 생각한 대로 행동하는, 올바른 판단력과 굳은
결단력을 겸비한 사람은 쉽게 성공을 거둔다.

실수를
은폐하고
더 큰 성공을
도모하라

자신의 과실에 얽매여 다른 일을 하지 못하는 사람들이 있다. 뭔가 잘못된 부분이 있어도 그것을 마지막까지 해내는 것이 자신의 성실함을 보여주는 길이라고 생각하고 있는 것이다. 마음 깊은 곳에서는 자신이 틀렸다는 사실을 알고 있으면서도 주위 사람들에게는 자신의 행위에 대한 변명을 한다. 어리석은 짓을 하고도 처음에는 단순한 부주의라고 가볍게 넘길 수도 있다. 하지만 어리석은 짓을 끝까지 그만두지 않는다면 진짜 어리석은 인간 취급을 받게 된다. 작은 부주의로 해버린 약속이나 잘못된 결단에 언제까지 얽매여 있어서는 안 된다.

어리석은 생각을 끝내버리지 못하고 어떻게든 될 것이라는 안일한 생각에 빠져서 억지로 밀고 나아가는 사람이 있다. 이런 사람들은 자신의 어리석음과 함께 자멸의 길을 걸으려 하는 것이다.

어리석은 짓을 하는 사람이 어리석은 자가 아니다. 어리석음을 숨기지 못하는 사람이 진정 어리석은 자다. 자신의 본심은 숨겨야 한다. 또한 그것 이상으로 숨겨야 하는 것이 자신의 실수다. 사람은 누구나 실수를 저지르게 마련이지만, 현명한 자와 어리석은 자 사이에는 극명한 차이점이 있다. 즉, 현명한 자는 자신의 실수를 교묘하게 숨기지만 어리석은 자는 자신이 지금부터 저지를지도 모를 실수까지도 타인에게 말해버린다.

명성은 뛰어난 업적을 거두기보다는 실수를 숨김으로써 얻어지는 경우가 많다. 실수를 저지르지 않기 위해서는 무슨 일에서든 조심해야 한다. 위대한 사람의 실수는 모든 사람의 주목을 받는다. 일식이나 월식이 사람들 눈에 띄는 것과 같은 이치다.

자기 자신의 실수는 친구에게도 밝혀서는 안 된다. 가능하다면 자신조차도 인정하지 못하도록 해야 한다. 무엇이든 잊어버리는 것이 가장 좋다.

현명한 자는 자신의 실수를 교묘하게 숨기지만 어리석은 자는 자신이 지금부터 저지를지도 모를 실수까지도 타인에게 말해버린다.

고집을
버리고
의지를
지켜라

어리석은 자는 고집이 세며, 고집이 센 자는 어리석다. 잘못 판단하기 쉬운 사람일수록 자신의 생각을 고집한다. 자신이 옳다 하더라도 양보를 하는 것이 현명하다. 언젠가는 내가 옳다는 사실을 사람들도 알게 될 것이며 그 속 깊은 행동 때문에 모든 사람이 칭찬을 할 것이다.

상대방에게 승리를 거둬 얻는 것보다 자신의 말을 고집하여 잃는 것이 훨씬 더 많을 때가 있다. 자신이 아무리 옳다고 주장해봐야 누구도 그것을 인정해주지 않는다. 그저 무례한 사람이라는 인상을 줄 뿐이다. 생각이 유연하지 못한 사람은 매우 고집이 세서 어떻게도 설득할 길이 없다. 이처럼 고집스러운 사람이 어리석은 생각을 품으면 그것에 휩싸여서 어리석은 일생을 보내게 된다.

의지意志는 고집스럽게 지켜야 한다. 하지만 자신의 생각을 지나치게 고집해서는 안 된다. 물론 예외는 있다. 상대방에게 두 번 양보할 필요가 없을 때이다. 그럴 때는, 생각은 양보하더라도 실천 단

계에서는 결코 상대방에게 굴해서는 안 된다.

자신의 생각에만 사로잡혀 일을 진행시켜선 안 된다. 깊이 생각한 뒤에 일을 시작해야 한다. 고집 센 사람만큼 유해한 존재도 없다. 고집을 피운다는 것은 돌아가는 상황을 제대로 보고 있지 못하다는 증거다. 그런 사람이 하는 일은 제대로 풀릴 리 만무하다.

세상에는 무슨 일이든 싸움의 씨앗으로 삼으려는 자가 있다. 안하무인으로 행동하며 꼬투리를 잡아 상대방을 쓰러뜨리려 한다. 평화로운 생활을 하겠다는 마음이 애초부터 전혀 없는 것이다. 이런 부류의 사람들이 윗자리에 앉게 되면 어처구니없는 일이 벌어진다. 조직을 완전히 분열시키고, 순종적인 사람들마저도 적으로 등 돌리게 만든다. 모든 일을 비밀리에 진행시키려 하며, 일이 잘 풀리면 자신의 계획이 뛰어났기 때문이라고 자랑한다. 생각에 모순이 있다는 사실을 지적당하면 그 발언을 한 사람에게 화를 내며, 비열하기 짝이 없는 방법으로 상대방의 일을 방해하려고 든다. 그런 행동을 하면 모든 것이 엉망이 되어버리는 데도 그들은 그 사실을 알지 못한다.

이런 사람들에게는 혼자서 문제를 해결할 만한 능력이 없다. 자신이 초래한 문제 때문에 쩔쩔매고 있는 동안 주변 사람들은 그저 조소를 보낼 뿐이다. 그들에게는 지혜라고 할 만한 것이 없으며 그런 만큼 마음도 틀어져 있다.

의지는 고집스럽게 지켜야 한다. 하지만 자신의 생각을 지나치게 고집해서
는 안 된다.

포커페이스,
교묘하게
일하라

일하는 방법을 끊임없이 바꿔야 한다. 그렇게 하면 주위 사람들, 특히 라이벌은 완전히 당황하게 되며, 호기심을 갖게 되고, 경의를 표하기도 한다. 언제나 본심에 따라 정직하게 행동하면 상대방은 앞일을 예상하여 선수를 치게 된다. 일직선으로 날아가는 새는 쏘아 떨어뜨리기 쉽지만 이쪽저쪽으로 방향을 바꾸며 나는 새는 쏘아 떨어뜨리기 어려운 법이다.

그렇다고 해서 무조건 본심을 숨긴 채 행동하는 것도 그리 좋은 방법은 아니다. 똑같은 일을 두 번 행하면 속마음이 드러나게 된다. 악의는, 빈틈이 보이면 바로 덮치려고 만반의 준비를 한 채 기다리고 있다. 그런 악의에 의표를 찌르기 위해서는 좀 더 교묘한 방법을 써야 한다. 체스의 명인은 상대방의 의도를 한 수 앞서 읽는다. 그들에게 적이 생각한 대로 말을 움직인다는 것은 있을 수 없는 일이다.

똑같은 일을 두 번 행하면 속마음이 드러나게 된다. 악의는, 빈틈이 보이면 바로 덮치려고 만반의 준비를 한 채 기다리고 있다. 그런 악의에 의표를 찌르기 위해서는 좀 더 교묘한 방법을 써야 한다.

좋은
사람보다는
필요한
사람이 되라

현명한 사람은 타인에게 고마운 존재보다는 필요한 존재가 되려고 한다. 현명한 사람은 노골적인 감사의 말을 들어도 전혀 기뻐하지 않는다. 그보다는 기대감을 예의바르게 표현하는 편이 훨씬 더 낫다고 생각한다. 기대감은 사람의 마음에 오래도록 남지만 감사의 마음은 바로 잊히기 때문이다.

감사의 마음을 전하도록 하기보다는 의지하도록 하는 편이 훨씬 더 많은 것을 얻을 수 있다. 우물물로 목을 축인 자는 갈증을 해소하면 우물에서 뒤도 안 돌아보고 떠나버린다. 과즙을 다 짜내버린 오렌지는 한낱 쓰레기에 불과하다. 마찬가지다. 의지하려는 마음이 사라지면 상대방의 마음은 급변해버린다. 공경의 태도는 사라지고 경의도 사라진다.

경험이 가르쳐준 가장 커다란 교훈은 끊임없이 의존하도록 만들고, 요구를 완전히 들어주지 않는 의존관계를 유지해야 한다는 것이다. 그렇게 하면 왕의 마음까지도 사로잡을 수 있다.

물론 너무 지나쳐서는 안 된다. 기대에 부응하지 않고 내버려둬 상대방이 잘못된 길로 들어서게 해서는 안 되며, 지나치게 자신의 이익만을 꾀한 나머지 타인을 불행에 빠뜨려서도 안 된다.

타인의 가슴에 끊임없이 기대의 씨앗을 뿌려야 한다. 뛰어난 역량을 발휘하면 사람들의 기대감은 높아질 것이며, 뛰어난 일을 하면 더욱 훌륭한 업적을 거둘 것이라는 기대감을 품게 될 것이다. 계속 기대감을 품게 하는 요령은 힘을 적절히 조절하고, 지식을 조금씩 내보이며, 성공을 향해 조금씩 나아가는 것이다.

현명한 사람은 타인에게 고마운 존재보다는 필요한 존재가 되려고 한다. 현명한 사람은 노골적인 감사의 말을 들어도 전혀 기뻐하지 않는다. 그보다는 기대감을 예의바르게 표현하는 편이 훨씬 더 낫다고 생각한다. 기대감은 사람의 마음에 오래도록 남지만 감사의 마음은 바로 잊히기 때문이다.

정문일침,
반론으로
상대를
제압하라

사람을 화나게 하는 가장 좋은 방법은 상대방의 말에 반론을 제기하는 것이다. 분노에 휩싸여 이성을 잃으면 본심을 드러내게 된다. 이렇게 하면 상대방의 본심을 간파할 수 있다.

자신의 말에 반론을 제기하는 사람이 있으면 자제심을 잃고 감정적으로 치닫기 쉽다. 불신을 의식적으로 드러내면 자신도 모르게 비밀로 하던 것까지 발설하는 법이다. 쉽게 마음을 열려고 하지 않는 사람에게는 이 방법으로 마음의 문을 열 수 있다. 반론은 상대방의 진의와 생각을 교묘하게 이끌어내는 유용한 도구다.

타인이 애매하게 말을 흐리거나 확실하게 말하지 않는 사실에 대해서 날카롭게 반론을 제기하면 궁지에 몰린 상대방은 가슴 깊은 곳에 숨겨두었던 비밀을 조금씩 털어놓기 시작하며, 교묘하게 설치해놓은 덫에 걸려들어 모든 것을 술술 털어놓는다.

사려 깊은 사람이 신중하게 입을 다물고 있으면 상대방은 오히려 침착함을 잃고 제 스스로 말을 꺼내버린다. 상대방의 마음을 알 수 없을 때는 이런 식으로 진의를 살펴볼 수도 있다. 알고 싶은 일이 있을 때 무언으로 일부러 의심하는 척하는 것이다. 그렇게 하면 철통같은 마음의 문일지라도 열 수 있다. 사람들이 제아무리 비밀로 삼고 있는 일이라 할지라도 이 방법을 사용하면 반드시 밝혀낼 수 있다. 학교에서도 우수한 학생일수록 교사의 말에 반론을 제기한다. 그러면 교사는 자신의 옳음을 증명하기 위해 더욱 열심히 설명하려고 들고, 이를 통해 학생은 더 많은 것을 배운다.

상대방의 말에 반론을 제기하는 기술을 습득해야 한다. 그러면 상대방은 내 의심을 풀기 위해서 필요 이상으로 자세히 설명을 해주게 되어 있다.

사람을 화나게 하는 가장 좋은 방법은 상대방의 말에 반론을 제기하는 것이다. 분노에 휩싸여 이성을 잃으면 본심을 드러내게 된다. 이렇게 하면 상대방의 본심을 간파할 수 있다.

자기과시의
가면을
벗어라

그리 대단한 일을 하고 있지도 않으면서 자신의 일을 자랑하듯 공공연하게 떠들고 다니는 사람이 있다. 무슨 일이든 거기에는 요령이 있다든가 일정한 기간이 필요하다는 등 잘난 척하면서 좀처럼 일에 몰두하려 들지 않는다. 칭찬을 듣기 위해서라면 그 어떤 짓도 서슴지 않는데, 그런 사람들은 결국 사람들의 조소의 대상이 된다. 허영심이 강한 사람들은 타인을 불쾌하게 만들지만, 이런 종류의 과시는 비웃음거리가 될 뿐이다.

　기회만 있으면 공적을 자신의 것으로 만들고 싶어 하며 미물인 개미처럼 억척스럽게 영예를 쌓아두려 하는 사람이 있다. 제아무리 뛰어난 재능을 가지고 있다 하더라도 그것을 자랑해서는 안 된다. 일을 훌륭하게 해냈다는 사실에 만족하고, 이래저래 평가하는 것은 사람들에게 맡기면 된다. 위업을 이뤘다 하더라도 입을 다물고 있어야 한다. 그것을 내세워서는 안 된다. 자신의 업적을 자랑스럽게 떠들어대면 사람들의 반감을 사서 역풍을 맞게 될지도 모른다.

또한 자신의 재능을 자랑하지 말아야 한다. 그것은 어리석은 자가 범하는 과오이며, 타인에게 불쾌감과 혐오감을 주는 짓에 지나지 않는다. 잘난 척 허세를 부리고 있는 당사자도 마음의 여유를 갖지 못한다. 언제나 겉모습을 꾸며야 한다는 강박관념은 거의 고문과도 같은 일이기 때문이다.

뛰어난 재능을 갖고 있을지라도 그것을 자랑하면 가치가 떨어진다. 사람들 눈에는 그 재능이 선천적으로 타고난 진짜 능력이 아니라 굉장한 노력을 통해 그렇게 보이도록 하고 있는 모조품으로밖에 보이지 않기 때문이다. 무엇이든 일부러 꾸민 것보다는 꾸밈없는 것이 기분 좋게 느껴지는 법이다. 재능이 있는 척하면 할수록 사람들은 그 재능을 하찮은 것으로 생각한다.

잘난 척 허세를 부리고 있는 당사자도 마음의 여유를 갖지 못한다. 언제나 겉모습을 꾸며야 한다는 강박관념은 거의 고문과도 같은 일이기 때문이다.

지혜로운
사람들을
내 편으로
만들어라

모든 일이 원만하게 진행되기를 바란다면 지혜로운 자들을 주변으로 끌어들여야 한다. 나의 무지 때문에 궁지에 몰린다 해도 그들이 도와줄 것이며 대신해서 괴로운 싸움을 해줄 수도 있기 때문이다.

지혜로운 자들을 자기 뜻대로 이용한다는 것은 보기 드문 힘을 가졌다는 증거이며, 정복한 곳의 왕들을 기꺼이 노예로 삼았던 티그라네스(기원전 1세기 아르메니아의 왕. 파르티아를 정복한 그는 그곳의 왕들을 데리고 민중 앞에 종종 모습을 드러냈다) 왕의 야만적인 취미보다 훨씬 더 나은 일이다. 그것은 인생의 중요한 국면에서 사람을 자유자재로 부리는 새로운 방법이자 선천적으로 우수한 사람들을 자신의 부하로 만드는 지혜다.

인생은 짧고 알아야 할 것들은 어마어마하게 많다. 세상에 나온 이상, 무지한 채로는 살아갈 수는 없다. 힘들이지 않고 지식을 얻기 위해서는 굉장한 기술이 필요한데, 많은 사람으로부터 많은 것을 흡수해 그들이 하나가 되어 몰려와도 눈 하나 꿈쩍하지 않을 정도의 지식을 쌓아두어야 한다. 그렇게 하면 회의석상에서 발언할 때도 여러 가지 의견을 자신의 생각으로 이야기할 수 있다. 조언해준 현자들의 모든 지혜가 이야기 속에 담겨 있기 때문에 타인이 흘린 땀으로 현자라는 명예를 얻게 되는 것이다. 주제를 정해서 주위 사람들로부터 그 지식의 정수를 흡수해야 한다. 지혜로운 자들을 부하로 만들 수 없다면 그들을 내 편으로 만들어야 한다.

뛰어난 사람들을 자기 주위에 모아야 한다. 그런 이들이 가져다주는 은혜는 놀랄 정도로 크다. 자신도 모르는 사이에 습관과 취미, 지식 영역까지도 영향을 받아 저절로 몸에 배게 된다. 성급한 사람은 느긋한 사람과 친하게 지내라는 말처럼 각자 자신의 성격을 생각해서 반대되는 성격을 가진 사람을 친구로 고르면 좋을 것이다. 그렇게 하면 특별히 노력하지 않아도 내 안에 없는 속성을 흡수할 수 있다.

자신을 상대방에게 맞추는 것이 중요하다. 정반대가 되는 것이 서로에게 나타남으로 해서 이 세상은 아름다워지고, 세계의 질서가 유지되며, 자연계뿐만 아니라 인간사회에도 조화가 형성된다. 친구나 부하를 선택할 때도 이를 염두에 두고 판단해야 한다. 전혀 상반되는 사람들과 교류함으로써 사려 깊고 분별력 있는 또 다른 덕을 익히게 되는 것이다.

뛰어난 재상 때문에 임금의 명성에 흠이 간 적은 단 한 번도 없었다. 오히려 성공의 명예는 위에 있는 사람에게 전부 가는 법이다. 실패했을 때 비난이 윗사람에게 쏟아지는 것과 같은 맥락이다. 명성을 얻는 것은 언제나 윗자리에 있는 사람이다. "저 사람은 뛰어난 부하를 거느리고 있다", "부하가 나쁘다"라고 말하는 사람은 없다. 대개 "사람 부리는 솜씨가 좋다", 혹은 "사람 부릴 줄을 모른다"라고 평가한다. 그러므로 도구와 마찬가지로 내 편으로 만들 사람 또한 깊이 생각해서 신중하게 골라야 한다.

모든 일이 원만하게 진행되기를 바란다면 지혜로운 자들을 주변으로 끌어들여야 한다. 나의 무지 때문에 궁지에 몰린다 해도 그들이 도와줄 것이며 대신해서 괴로운 싸움을 해줄 수도 있기 때문이다.

Chapter 2

일상의 지혜

"

용기 없는 자는 자신의 마음을 단련하는 데 힘써야 한다. 용기가 넘치며 자
신감이 있는 사람은 어떤 고난에도 잘 견딘다. 결코 운명에 굴복해서는 안
된다. 굴복하면 불운이 또 다른 불운을 불러와 더욱 견디기 어려운 운명에
휩싸이게 된다.

"

취미와
사색으로
지성을
높여라

지성을 높이기 위해 취미도 세련된 것으로 가져야 한다. 취미에 대한 이해가 깊어지면 그것을 더욱 높여야겠다는 욕구가 생겨난다. 그리고 후에 그것을 달성하면 더욱 커다란 기쁨을 얻을 수 있다.

사람의 재능이 어느 정도인지 알아보고 싶다면 그 사람이 무엇을 바라고 있는지를 살펴보면 된다. 뛰어난 사람을 만족시키는 것은 가치 있는 것들뿐이다. 커다란 것을 물려면 턱도 커야 한다. 고상한 취미에는 고상한 사람이 어울리는 법이다. 매우 뛰어난 재능을 가진 인물이라도 세련된 취미를 가진 사람 앞에서는 몸의 떨림을 감출 수가 없으며 완전무결할지라도 자신감을 상실하게 된다.

가능한 한 많은 것을 접하면서 사물을 판단하는 눈을 키워야 한다. 취미는 사람들과의 만남 속에서 향상되는 법이다. 매일의 단련을 통해서만 비로소 자신의 것으로 만들 수 있다. 취미의 정수를 맛본 사람과 사귈 수 있다면 그보다 더 좋은 행운도 없을 것이다.

나날의 일상에 쫓겨 억척스럽게 살아가는 삶에 만족해선 안 된다. 앞날을 내다보고 분별력 있는 삶을 살아야 한다. 휴식 없는 삶은 괴로운 인생이다. 그것은 호텔에 들르지 않고 긴 여행을 계속하는 것과 같다.

여러 가지 지식과의 만남이 인생에 커다란 즐거움을 가져다준다. 멋진 인생을 보내기 위해선 첫 번째로, 현인들과 많은 대화를 하며 시간을 보내야 한다. 인간은 지식을 넓히고 자신을 알기 위해 태어난 것이다. 책은 사람을 참된 인간의 길로 안내하는 성실한 안내자다.

두 번째로, 지금 시대를 살아가는 사람들과 이야기를 나누어야 한다. 이 세상에 있는 모든 멋진 것에 시선을 돌려야 한다.

세 번째로, 자신과 대화해야 한다. 철학적 사색에 잠기는 것은 이 세상에서 가장 숭고한 기쁨이다.

휴식 없는 삶은 괴로운 인생이다. 그것은 호텔에 들르지 않고 긴 여행을 계속하는 것과 같다.

내면을
비추는
거울을
바라보라

내 안의 특별히 뛰어난 재능이 무엇인지를 알아두어야 한다. 그 재능을 키우면 다른 자질도 함께 자라난다. 자신의 천성을 잘 파악하면 누구나 한 분야에서 두각을 나타낼 수 있다. 자신의 장점 중에서도 가장 뛰어난 것이 무엇인지를 파악해 한층 더 힘을 기울여 그것을 단련해야 한다.

뛰어난 판단력을 가진 자가 있는가 하면 용맹스러운 자도 있다. 하지만 대부분의 사람은 지능을 신장시키는 데만 무리하게 노력을 기울여 결국에는 아무것도 이루지 못하고 끝을 맺게 된다. 이런 오류 때문에 주위가 제대로 보이지 않아 자만에 빠지게 되지만, 언젠가 때가 오면 자신의 실수를 깨닫게 된다. 하지만 그때는 너무 늦은 뒤다!

자신의 성격, 지성, 판단력, 감정을 잘 파악해야 한다. 스스로 알고 있지 못하면 자신의 몸조차도 마음대로 움직일 수 없다. 외면을 비추는 거울은 얼마든지 있다. 하지만 내면을 비추는 거울은 오직 하나, 자신에 대해서 깊이 생각하는 것밖에는 없다.

외면에 신경 쓰지 않아도 좋을 정도가 되었다면, 내면적인 것을 향상시키고 연마하기에 힘써야 한다. 무엇인가를 시작할 때는 판단력과 통찰력에 문제가 없었는지 잘 확인해보는 것이 현명하다. 그리고 도전할 만한 힘이 자신에게 충분히 있는지를 판단해야 한다. 자기 지식의 깊이를 측정하고 능력이 어느 정도인지를 파악해두어야 기회가 왔을 때 놓치지 않을 것이다.

외면을 비추는 거울은 얼마든지 있다. 하지만 내면을 비추는 거울은 오직 하나, 자신에 대해서 깊이 생각하는 것밖에는 없다.

신속하게
행동하고
천천히
즐겨라

서둘러서는 안 된다. 보통 행운이 다한 뒤에도 삶은 남아 있게 마련이다. 행복한 순간을 마음껏 맛보지 못하고 헛되이 보내다 행운이 떠난 뒤에 뒤돌아서 행복했던 시간으로 돌아가고 싶다고 원해도, 그것은 이룰 수 없는 바람이다.

흔히, 시간이 너무 천천히 흐른다고 생각하고 급한 성격을 참지 못해 무슨 일이든 서둘러 뒤죽박죽 처리해버린다. 평생이 걸려도 소화하지 못할 것을 하루 만에 먹어치우려 한다. 앞날의 성공을 믿고 지금 해서는 안 될 일에 손을 대며, 단번에 시간을 뛰어넘으려한다. 그렇게 무슨 일이나 서두르기 때문에 모든 것이 그대로 끝나버리는 것이다.

지식을 얻으려 할 때도 이런 태도는 바람직하지 않다. 좀 더 절도가 있어야 한다. 그래야만 더 정확한 지식을 얻을 수 있다.

인생에는 행운이 찾아오는 날보다 그렇지 못한 날이 더 많다. 행동해야 할 때는 신속하게 감행하고, 즐길 때는 천천히 즐겨야 한다. 그렇게 하지 않으면 시간이 흐른 뒤에, 훌륭한 업적을 거둘 수 있을지는 몰라도 삶의 내용은 매우 거친 것이 되어버릴 것이기 때문이다.

인생에는 행운이 찾아오는 날보다 그렇지 못한 날이 더 많다. 행동해야 할 때는 신속하게 감행하고, 즐길 때는 천천히 즐겨야 한다.

'방치'의
묘수로
문제를
해결하라

무슨 일이 일어나도 전혀 마음에 두지 않는 사람이 있다. 그런가 하면 아주 사소한 일에도 진지하게 생각하는 사람이 있다. 이런 사람은 어떤 일이든 아주 중요하다는 듯이 이야기하며, 언제나 지나칠 정도로 고뇌하고, 그 결과 타인과 논쟁을 벌여 문제를 매우 복잡한 것으로 만들어버린다.

심각하게 고민해야 할 정도로 중대하고 복잡한 일은 생각보다 흔하지 않다. 그냥 내버려두면 될 일을 진지하게 생각한다는 건 어리석은 일이다. 문제가 될 만한 일일지라도 그냥 방치해두면 어느 사이엔가 하찮은 일이 되어버리는 경험을 간혹 했을 것이다. 반면에 하찮은 일에 자꾸만 신경을 쓰다 보면 커다란 문제로 확대되어버린 경우도 있었을 것이다. 이런 문제는 빨리 대처하면 간단하게 처리할 수 있다. 시간이 지나면 지날수록 손을 쓸 수 없는 문제가 되어버린다. 때로는 문제를 해결하려고 손을 썼다가 새로운 문제를 야기하는 경우도 있다.

인생살이에서 손을 대지 않고 그냥 내버려둠으로써 해결할 수 있는 일들은 꽤 많다. 파도가 거칠 때는 접근하지 않는 것이 현명한 행동인 것처럼, 친구나 아는 사람 혹은 세상 사람들의 마음에 동요가 일었을 때는 가만히 놔두는 것이 상책이다. 여러 사람과 함께 살다 보면 당연히 감정의 엇갈림이 생겨 소란이 일어나게 마련이다. 그런 풍파에 휩싸이게 되었을 때는 안전한 항구로 대피해서 파도가 잔잔해지기를 기다리는 것이 최선책이다.

사태를 수습하겠다고 어설프게 손을 내밀었다가는 오히려 더 큰 재앙을 부르게 될지도 모른다. 모든 것을 흐름에 맡기고 사람들의 마음이 올바른 방향으로 향하기를 기다리는 것이 가장 좋다. 현명한 의사는 언제 손을 써야 하는지, 또 언제 손을 써서는 안 되는지를 잘 알고 있다. 때로는 전혀 손을 대지 않는 것이 환자를 위해서 좋은 경우도 있다. 손을 들어 항복해버리는 것이 미친 듯이 날뛰는 사람들의 마음을 진정시키는 유용한 수단이 되는 경우도 있다.

한동안 시간이 흐르기를 기다리면 소란도 곧 잔잔해지는 법이다. 소동이 벌어졌을 때는 모든 것을 그대로 내버려두고 저절로 가라앉을 때까지 기다려야 한다.

여러 사람과 함께 살다 보면 당연히 감정의 엇갈림이 생겨 소란이 일어나게 마련이다. 그런 풍파에 휩싸이게 되었을 때는 안전한 항구로 대피해서 파도가 잔잔해지기를 기다리는 것이 최선책이다.

일상의 지혜

자신 혹은
타인만을 위한
삶을 살지 말라

자신을 위해서만, 혹은 타인을 위해서만 살아가는 것은 매우 어리석은 삶의 방식이다. 이런 삶은 괴로운 인생이 될 수밖에 없다.

자기만 생각하는 사람은 무엇을 보아도 전부 자신의 것으로 만들고 싶어 한다. 아무리 사소한 것이라 할지라도 타인에게 양보하지 않으며, 쾌적한 생활을 지탱해주고 있는 것은 무엇 하나 포기하려들지 않는다. 이런 사람을 사람들이 좋아할 리 없다.

그저 자신의 행운에만 의지해서 근거 없는 자만심에 빠져 있는 것이다. 때로는 남을 위해 살아봐야 한다. 그러면 사람들도 내게 친절을 베푼다. 공무원으로 일하는 사람이라면 대중의 심부름꾼이 되어야 하고, 그 무거운 짐을 짊어지든지 아니면 자리에서 물러나야 한다.

또 사람들 중에는 남을 위해서만 살아가는 사람도 있다. 어리석은 사람은 지나친 행동을 하기 쉬운데, 이런 행태는 불행이라고밖에 달리 표현할 길이 없다. 이런 사람에게 자신을 위한 시간은 하루, 아니 단 한 시간도 없다. 오직 타인을 위해서만 봉사하는 것이다.

지식도 마찬가지다. 타인에게 도움이 되는 것이라면 무엇이든 알고 있지만 자신에게 필요한 것은 아무것도 모르는 자들이 있다. 사람들이 다가오는 것은 자신의 이익을 위해서다. 결코 남을 위해서 그렇게 행동하는 것이 아니다. 그들에게 관심의 대상은 상대방이 얼마나 자신에게 도움이 될까 하는 것일 뿐이다.

자신을 위해서만, 혹은 타인을 위해서만 살아가는 것은 매우 어리석은 삶의 방식이다. 이런 삶은 괴로운 인생이 될 수밖에 없다.

일상의 지혜

저명인사들의
공감을
얻어라

무엇이든 마음먹기에 따라 처음부터 끝까지 좋아 보이기도 하고, 나빠 보이기도 하는 법이다. 어떤 사람이 애타게 갈구하는 것이라 할지라도 다른 사람에게는 더할 나위 없이 하찮은 것으로 보이기도 한다. 무엇이든 자기 혼자만의 생각으로 평가하는 것은 어리석기 짝이 없는 행동이다.

사람의 얼굴이 제각각 다르듯, 취향도 천차만별이다. 어떤 사람에게는 결점으로밖에 보이지 않는 것이라도 반드시 그 가치를 인정해주는 사람이 있게 마련이다. 설사 자신이 한 일이 일부 사람에게 좋은 평가를 얻지 못했다 해도 결코 낙담해서 생각을 바꿀 필요는 없다. 자신이 한 일을 높이 평가해줄 사람이 어딘가에는 반드시 있을 것이기 때문이다. 하지만 그 칭찬에 기뻐하고 있으면 곧 다른 곳에서부터 들려오는 비난을 듣게 된다.

세상으로부터 참된 인정을 받으려면 저명인사들의 공감을 얻어야 한다. 그런 사람들은 어떤 종류의 일에 대해서든 올바른 판단법을 알고 있기 때문이다. 사람은 하나의 생각만을 지키며, 하나의 습관만 따르고, 하나의 시대 풍조에만 영향을 받으며 사는 것이 아니다.

세상으로부터 참된 인정을 받으려면 저명인사들의 공감을 얻어야 한다. 그런 사람들은 어떤 종류의 일에 대해서든 올바른 판단법을 알고 있기 때문이다.

생각할 때는
소수파,
말할 때는
다수파가 되라

흐름에 역행하여 배를 젓는다고 해서 진실을 찾을 수 있는 것은 아니다. 사실, 이는 매우 위험한 일이기도 하다. 그렇게 해서 진실을 찾아낸 사람은 아마 소크라테스밖에 없을 것이다.

사람들이 자기 의견과 차이를 보이면 그것만으로도 모욕을 받았다고 생각한다. 타인의 판단을 비난하게 되는 것이다. 그 사람을 감싸주기 위해서인지, 아니면 그 사람을 끊임없이 칭찬했던 사람들의 입장을 고려해서인지는 모르겠지만 어쨌든 성난 목소리를 내는 사람들이 많이 나타난다.

진실은 소수파에 속한 자에게 있는 법이다. 이 세상에 만연한 기만은 악과 다를 바 없다. 사람들 앞에서 하는 얘기만 듣고는 누가 현명한 사람인지 구별해낼 수가 없다. 현명한 사람은 본심을 드러내지 않으며, 마음 깊은 곳에서는 큰 소리로 비난하면서도 말할 때는 어리석은 대중에 맞춰 말을 하기 때문이다. 즉, 현명한 사람들은 입을 다물고 물러나 앉아 있으며, 이해심 깊은 극소수의 사람들을 상대로 할 때만 속내를 털어놓는다.

사려 깊은 사람은 자신의 의견이 부정당하는 것도, 타인의 생각에 이의를 제기하는 것도 피하려 한다. 마땅히 비난해야 할 점이 눈에 띄어도 사람들 앞에서는 좀처럼 그것을 입밖으로 내놓지 않는다. 생각은 얼마든지 자유롭게 할 수 있다. 생각을 방해할 순 없으며, 또 방해를 받아서도 안 된다.

현명한 사람들은 입을 다물고 물러나 앉아 있으며, 이해심 깊은 극소수의 사람들을 상대로 할 때만 속내를 털어놓는다.

일상의 지혜

롤모델로
설정한
위인과
경쟁하라

목표로 삼을 만한 위인을 한 명 마음에 품어야 한다. 그 사람을 흉내 내지 말고 그 사람과 경쟁해야 한다. 세상에는 표본이 될 만한 위인들이 얼마든지 있다. 그들은 명성을 얻기 위한 삶의 교과서다. 각자 자신의 전문 분야에서의 일인자를 선택해야 한다. 그 사람을 따르기 위해서가 아니라 그 사람을 따라잡기 위해서다.

알렉산드로스 대왕이 아킬레우스의 무덤 앞에서 눈물을 흘린 것은 아킬레우스를 애도하기 위해서가 아니라 자신의 처지를 생각해서였다. 아킬레우스와 달리 자신은 아직껏 명성을 얻지 못했기 때문이었다(플루타르코스의 『영웅전』에 의하면, 호메로스로 인해 아킬레우스의 이름이 영원히 남게 된 것을 질투한 알렉산드로스 대왕은 무덤 앞에서 눈물을 흘렸다고 한다).

트럼펫 연주 소리처럼 높이 울려 퍼지는 타인의 명성을 듣는 것

처럼 야심을 자극하는 것도 없다. 그것을 들으면 경외하는 마음이
생기고 질투심이 사라져 품격 높은 행동을 하게 되는 것이다.

**목표로 삼을 만한 위인을 한 명 마음에 품어야 한다. 그 사람을 흉내 내지
말고 그 사람과 경쟁해야 한다.**

어리석음의
습관에서
벗어나라

세상의 모든 사람이 범하는 어리석음에는 행동이 이미 습관화되어 있기 때문에 대개 그것을 어리석은 행동이라고 생각하지 않는다. 무지한 사람이 한 명밖에 없다면 저항할 수 있겠지만 세상 모든 사람이 어리석다면 그에 맞설 수는 없다.

무지한 사람은 제아무리 큰 행운이 찾아와도 행복하다고 생각지 않으며, 지성이 다른 사람보다 현저하게 떨어진다 해도 개선 노력을 하지 않는다. 자신의 행복에 만족하지 못하는 자는 타인의 행복을 부러워한다. 오늘이 되어 어제 일을 그리워하며, 오늘 있는 것에 만족하지 못하고 손이 닿지 않는 곳에 있는 것을 추구한다. 무엇이든 옛것을 좋게 보며, 멀리 있는 것을 귀중하게 생각한다.

무엇을 보든 하찮게 여기며 무시하는 사람은 어떤 일에서도 기쁨을 찾지 못하는데, 이런 이는 비탄하는 자만큼이나 어리석다.

무지한 사람은 제아무리 큰 행운이 찾아와도 행복하다고 생각지 않으며, 지성이 다른 사람보다 현저하게 떨어진다 해도 개선 노력을 하지 않는다. 자신의 행복에 만족하지 못하는 자는 타인의 행복을 부러워한다.

고난에
굴복하지
말라

괴로운 상황에 직면했을 때, 용감한 마음만큼 의지가 되는 것도 없다. 용기가 없는 자는 자신의 마음을 단련하는 데 힘써야 한다. 용기가 넘치며 자신감이 있는 사람은 어떤 고난도 잘 견딘다. 결코 고난에 굴복해서는 안 된다. 굴복하면 불운이 또 다른 불운을 불러와 더욱 견디기 어려운 고난에 빠지게 된다.

고뇌의 한가운데서 그저 팔짱 낀 채 감내만 하는 사람들도 있다. 그들은 고뇌에 견디는 법을 모르기 때문에 더욱 괴로운 고통을 맛보게 된다. 자신에 대해서 잘 알고 있는 사람은 생각에 생각을 거듭해 자신의 약점을 극복한다. 그렇게 고난에서 탈피한다. 분별력 있는 사람은 어떤 일에도 굴하지 않으며 운명까지도 바꿔버린다.

용기가 넘치며 자신감이 있는 사람은 어떤 고뇌에도 잘 견딘다.

예의 바른
행동으로
사람을
사라

예의 바른 사람이라고 인정을 받아야만 비로소 세상으로부터 훌륭하다는 칭찬을 듣는다. 예의는 교양인이 갖추어야 할 중요한 자격 중 하나다. 그것은 하나의 매력으로 사람들의 마음을 사로잡는다. 그래서 사람들은 예의 바른 사람을 사랑한다.

이와 반대로, 사람들은 거친 사람을 경멸하고 싫어한다. 자만심이 너무 강해서 무례한 행동을 하는 사람은 타인의 미움을 산다. 가정교육을 제대로 받지 못해 예의를 모르는 사람은 멸시를 받는다. 예의에 무감각하여 정중하지 못한 행동을 하거나 모든 사람에게 예의 바르게 행동하는 것이나, 그것이 반드시 상대방을 존중하는 태도라고는 단언할 수 없다. 어쨌거나 지나치게 예의 바르게 행동하는 편이 그래도 나을 것이다.

적을 대할 때도 예의 바르게 행동해야 한다. 그것이 실제로 어떤 효과를 나타내는지 직접 실천해보면 알 수 있을 것이다. 밑천이 거의 들지 않는 행동임에도 불구하고 생각지도 못했던 커다란 이익을 얻게 될 것이다. 상대방을 만날 때 예의를 지키면 상대도 예의를 갖춰 나를 맞아들일 것이다. 이것이 상대방을 존중하고 예의 바르게 행동함으로써 얻을 수 있는 이익이다.

타인에게 예의 바르게 행동한다고 해도 잃을 것은 아무것도 없다.

상대방을 만날 때 예의를 지키면 상대도 예의를 갖춰 나를 맞아들일 것이다. 이것이 상대방을 존중하고 예의 바르게 행동함으로써 얻을 수 있는 이익이다.

위험을
피하는
용기를
가져라

위험한 다리는 건너지 말아야 한다. 모든 일의 양극 사이에는 커다 란 간극이 있어서 그리 간단하게 진로를 바꿀 수 없기 때문에 사려 깊은 사람들은 언제나 중용을 지킨다. 그들은 생각을 거듭한 끝에 몸을 움직인다. 위험을 극복하기보다는 몸을 숨기고 있는 편이 훨 씬 더 쉽기 때문이다.

  궁지에 몰리면 올바른 판단을 내릴 수 있을지 없을지 모르기 때문 에 위험에는 절대 다가가지 않는 게 좋다. 한 번 재난에 휩싸이면 더 욱 커다란 재난이 차례로 들이닥쳐 결국 파멸의 늪에 빠져버린다.
  세상에는 앞뒤 가리지 않고 행동하는 사람들이 있다. 그들은 스 스로를 위험에 빠뜨리며, 타인까지도 궁지로 몰고 간다. 하지만 도 리에 맞게 행동하는 사람은 상황을 잘 파악한 뒤, 위험을 극복하기 보다는 피하는 것이 더 용기 있는 행동이라고 판단한다. 이미 궁지 에 몰린 무모하고 어리석은 사람이 하나 있으니, 그 이상 희생자를 늘릴 필요는 없다고 생각하는 것이다.

궁지에 몰리면 올바른 판단을 내릴 수 있을지 없을지 모르기 때문에 위험
에는 절대 다가가지 않는 게 좋다. 한 번 재난에 휩싸이면 더욱 커다란 재
난이 차례로 들이닥쳐 결국 파멸의 늪에 빠져버린다.

격정의 **덫을** 피하라

격렬한 분노나 지나친 기쁨에 빠져 한순간 이성을 잃게 되면 평소의 냉정한 태도와는 전혀 다른 어처구니없는 일을 저지르기 십상이다. 한순간의 격정을 참지 못해 평생 후회할 만한 일을 하게 될지도 모른다.

교활한 사람은 일부러 상대방이 화를 낼 덫을 놓아 상대를 살피며 그의 본심을 알아내려 한다. 그렇게 상대의 비밀을 캐내며 마음 깊은 곳까지 훔쳐보려 한다.

그런 덫에 대응하기 위해서는 자제심을 발휘하는 수밖에 없다. 충동에 휩싸여 행동을 해서는 안 된다. 야생마처럼 날뛰는 감정을 억누르는 데는 굉장한 분별력이 필요하다. 말 위에서도 이성을 잃지 않을 정도의 분별력을 가지고 있다면 무슨 일에서나 현명히 대처할 수 있을 것이다.

위험을 감지한 사람은 일을 신중하게 진행한다. 격정에 휩싸여 내뱉은 말을 한 당사자는 아무렇지도 않게 생각할지 모르지만, 들

은 이는 그 의미를 찾으려 고민하며 마음에 깊은 상처를 받게 될지
도 모른다.

교활한 사람은 일부러 상대방이 화를 낼 덫을 놓아 상대를 살피며 그의 본
심을 알아내려 한다. 그렇게 상대의 비밀을 캐내며 마음 깊은 곳까지 훔쳐
보려 한다.

자기만족에
빠지지 말라

자신에게 불만을 느끼며 살아가는 것은 좋지 못하다. 그런 마인드는 무슨 일에서든 자신감을 가지고 임할 수 없을 것이다. 물론 자신에게 완전히 만족하는 것 역시 좋은 것은 아니다.

자기만족은 무지에서 생겨난다. 그것은 어리석은 자의 행복이라 할 만한 것으로, 자신은 더할 나위 없이 기쁘겠지만 그에 대한 세상의 평가는 형편없을 것이다. 타인의 장점이나 뛰어난 능력, 성취한 위업의 가치를 모르기 때문에 자신이 평범하고 하찮은 인간이라 할지라도 만족할 수 있는 것이다.

스스로 만족하지 말고 무슨 일에나 주의를 기울여 임하는 것이 좋다. 그러면 좋은 결과를 얻을 것이다. 실패했을 경우를 미리 상정해둔다면 실수를 하더라도 크게 당황하지는 않을 것이다.

일의 성패는 그때그때의 상황에 따라 달라진다. 멋진 성공을 거둘 때도 있고 실패에 그칠 때도 있는 법이다.

하지만 어리석기 짝이 없는 자는 결과가 어떻든 절대로 신경을 쓰지 않는다. 언제나 자신에게 만족하고 있기 때문이다. 이런 사람들은 가슴속에 공허한 자기만족의 꽃을 피우며, 그 꽃으로부터 다시 새로운 자기만족의 씨앗을 얻는다.

자기만족은 무지에서 생겨난다. 그것은 어리석은 자의 행복이라 할 만한 것으로, 자신은 더할 나위 없이 기쁘겠지만 그에 대한 세상의 평가는 형편없을 것이다.

오늘,
내일을
준비하라

내일, 그리고 미래에 대해서 오늘 생각해두어야 한다. 생각하는 시간을 갖는 것은 장래를 위한 가장 큰 배려다. 미리 주의를 기울이고 있으면 불운에 휩싸이는 일도 없다. 먼저 대비를 해놓으면 궁지에 몰리는 경우도 없다. 장래의 어려움에 대비해 미리 생각해두는 시간을 아껴서는 안 된다. 지혜를 짜내 다가올 위기를 미연에 방지해야 한다.

어려운 사태에 직면했을 때는 숙고를 거듭할 필요가 있다. 하지만 잠자리에서 고민하는 것은 아무런 도움이 되지 않을 수도 있다. 궁지에 몰려 생각이 막혔을 때는 잠들지 못한 채 누워 있기보다는 얼른 자버리는 편이 좋다. 그러다 보면 후에 좋은 생각이 떠오를 수도 있다.

행동만 앞서며 생각은 뒤로 미루는 자들이 있다. 일의 결말에 대한 책임은 회피한 채 변명거리만 찾는 무리다. 또한 사전에도, 사후

95

에도 전혀 생각이라는 것을 하지 않는 자들도 있다. 사람이라면 누구나 목표로 삼은 것을 향해 나아가며, 하루하루 그곳에 이르는 길에 대해 생각하며 살아야 한다.

내일, 그리고 미래에 대해서 오늘 생각해두어야 한다. 생각하는 시간을 갖는 것은 장래를 위한 가장 큰 배려다. 미리 주의를 기울이고 있으면 불운에 휩싸이는 일도 없다. 먼저 대비를 해놓으면 궁지에 몰리는 경우도 없다.

행운을 주는
나만의 별을
찾아라

제아무리 운이 없는 사람이라 할지라도 행운의 별이 하나쯤은 있게
마련이다. 자신이 운이 없다고 생각하는 사람은 어느 것이 자신의
별인지 알지 못하기 때문일 것이다.

이유는 알 수 없지만 유력자나 상사에게 후대를 받는 사람이 있
다. 그것은 단지 행운의 별이 가져다준 것에 불과하다. 그런 행운을
잡게 되었다면, 다음부터는 노력을 통해 그 행운을 크게 키워나가
야 한다. 그중에는 유명 인사가 되는 사람도 있을 것이다.

비슷한 능력을 가지고 있음에도 불구하고 일에 따라서 행운을 잡
는 사람이 있는가 하면 그렇지 못한 사람도 있다. 행운의 여신이 제
마음대로 운명의 카드를 뽑아들기 때문이다.

자신의 운이 어디에 있는지, 자신에게 맞는 일이 무엇인지를 잘 파
악해야 한다. 바로 거기에 인생의 성패가 달려 있다. 행운의 별을 놓
치지 말라. 행운의 별이 있는 별자리로부터 등을 돌려서는 안 된다.

자신의 운이 어디에 있는지, 자신에게 맞는 일이 무엇인지를 잘 파악해야
한다. 바로 거기에 인생의 성패가 달려 있다.

행운을 **받아들일** 그릇을 **키워라**

제아무리 맛있는 산해진미라도 그릇이 크지 못하면 제대로 많이 먹지를 못한다. 같은 맥락으로 그 어떤 행운이 찾아온다 해도 그것을 충분히 활용할 만한 힘을 가지고 있지 못하면 기회를 놓쳐버리고 만다.

현명한 사람은 엄청난 행운이 찾아올 때 그것을 전부 받아들일 만큼의 커다란 그릇을 준비한다. 재능이 풍부한 사람이라면 언제, 어떤 식으로 행운이 찾아오더라도 당황하지 않고 그 기회를 이용할 그릇, 즉 능력을 가지고 있다.

맛있는 음식이 눈앞에 있음에도 불구하고 그릇이 작아 그것을 제대로 먹지 못하는 자들이 있다. 그릇이 작은 사람은 높은 지위에 오를 행운이 찾아왔음에도 불구하고 선천적으로 그런 자리에 어울리지 않거나, 그런 자리에 익숙하지 않아 모처럼 찾아온 기회를 놓쳐버리고 만다. 인간관계를 원만하게 유지하지 못하며, 어리석은 명

99

예심에 휩싸여서 올바른 판단을 내리지 못하고, 무슨 일에나 망설인다. 높은 지위에 올랐다는 사실만으로도 머릿속이 혼란스러워져 그 행운을 제대로 받아들일 만한 여유를 갖지 못한다.

따라서 자신에게는 아직도 행운을 받아들일 만한 여유가 있다는 사실을 스스로 드러내 보이고 그릇이 작게 보일 만한 행동은 절대 하지 않도록 주의해야 한다.

맛있는 음식이 눈앞에 있음에도 불구하고 그릇이 작아 그것을 제대로 먹지 못하는 자들이 있다. 그릇이 작은 사람은 높은 지위에 오를 행운이 찾아왔음에도 불구하고 선천적으로 그런 자리에 어울리지 않거나, 그런 자리에 익숙하지 않아 모처럼 찾아온 기회를 놓쳐버리고 만다.

세상을 보는 달콤한 지혜

감정을
제어하라

냉정함을 잃어서는 안 된다. 냉정을 유지할 수 있는 자만이 정신적
으로 성숙한 참된 인간이라고 말할 수 있다. 냉정한 사람은 감정에
휩쓸리는 일이 없기 때문이다.

희로애락 등 감정의 변화가 심한 것은 마음이 안정되지 않았기 때
문이다. 격정이 도를 넘어서면 판단력을 흐리는 병의 원인이 되어버
린다. 이 병이 입에까지 옮으면 그 사람의 평판까지도 나빠진다.

끝까지 감정을 제어해야 한다. 그렇게 하면 그 어떤 행운이 찾아
온다 해도, 그 어떤 불행에 휩싸인다 해도, 우왕좌왕하지 않을 것이
다. 시종일관 초연한 자세로 그 상황을 장악할 수 있을 것이다.

격정이 도를 넘어서면 판단력을 흐리는 병의 원인이 되어버린다.

행운과
불행을
분별하라

행운에도 법칙이 있다. 현명한 사람은 모든 일이 우연히 일어나는 것이 아니라는 사실을 안다. 노력을 통해서 얼마든지 행운을 불러들일 수 있는 것이다.

어떤 자는 행운의 여신이 살고 있는 신전의 문 앞으로 다가가 여신이 나타날 것이라 믿고 가만히 기다리기만 한다. 또 어떤 자는 조금 더 지혜를 발휘해서 신중하고 과감하게 신전의 문을 지나 안으로 들어간다. 그리고 용기를 가지고 대담하게 여신이 있는 곳으로 찾아가 그의 환심을 사 자신에게로 행운을 불러들이려 한다.

참된 현자는 오로지 '사려와 미덕'만을 자신의 행동 방침으로 삼는다. 왜냐하면 결국 사려 깊은 사람만이 행운과 불행을 구별할 수 있기 때문이다.

사려 깊은 사람만이 행운과 불행을 구별할 수 있다.

불행에
대비하라

현명한 사람은 여름 동안에 월동 준비를 한다. 모든 면에서 그렇게 하는 것이 편하기 때문이다. 같은 맥락이다. 행운이 찾아왔을 때 불행에 대비해야 한다.

행운이 찾아왔을 때는 더 쉽게 사람들의 호감을 살 수 있고 우정도 돈독히 쌓을 수 있다. 하지만 반대의 상황에서는 그게 잘 안 된다. 그러므로 비 오는 날을 대비해서 그것을 축적해두어야 한다. 역경에 처하면 필요한 것을 좀처럼 손에 넣지 못할뿐더러 수중엔 아무것도 남지 않게 된다.

자신을 흠모하는 친구나 감사의 마음을 갖고 있는 사람들을 소중히 여겨야 한다. 지금은 하찮은 것이라 생각될지 몰라도 언젠가는 그 고마움을 알게 될 것이다.

비열한 사람은 모든 일이 순조롭게 진행될 때에도 친구를 두지 않는다. 상대 그 누구도 친구로 인정하지 않는다. 그런 사람이 역경에 빠졌을 때 도움의 손길을 구하면 그 내민 손 잡아줄 이는 당연히 없을 것이다.

행운이 찾아왔을 때 불행에 대비해야 한다. 행운이 찾아왔을 때는 더 쉽게 사람들의 호감을 살 수 있고 우정도 돈독히 쌓을 수 있다.

일상의 지혜

합당한
때를
기다려라

살다 보면 운이 따르지 않을 때가 있다. 그럴 때는 무슨 일을 해도 제대로 풀리지 않는다. 다른 일에 손을 대봐도 여전히 운은 따르지 않는다. 두어 번 시도를 해보고 운이 없다는 사실을 알았다면 바로 손을 떼야 한다.

두뇌 회전도 빠른 날이 있는가 하면 그렇지 않은 날이 있다. 언제나 올바른 판단만을 내리는 사람은 세상 어디에도 없다.

행운이 찾아오지 않으면 좋은 지혜도 떠오르지 않는다. 미인도 날에 따라서 아름답게 보이지 않을 때가 있듯이, 무슨 일이든 시기가 좋지 않으면 좋은 결과를 기대할 수 없는 법이다.

충분한 성과를 올리기 위해서는 무슨 일이든 그에 합당한 시기에 맞춰 일을 해야 한다. 행운의 별이 다가와 반짝일 때는 머리도 맑고, 마음도 안정되어, 무슨 일을 하든 순조롭게 풀린다. 그런 날에는 그 기회를 놓치지 말고 확실히 활용해야 한다. 한순간도 소홀히

해서는 안 된다.

　단, 조금 운이 나쁘다고 해서 완전히 불행에 휩싸였다고 지레 포기해서는 안 된다. 물론, 한두 번 운이 좋았다고 해서 행운이 계속 찾아올 것이라고 속단해서도 안 된다.

충분한 성과를 올리기 위해서는 무슨 일이든 그에 합당한 시기에 맞춰 일을 해야 한다. 행운의 별이 다가와 반짝일 때는 머리도 맑고, 마음도 안정되어, 무슨 일을 하든 순조롭게 풀린다.

운명의
여신을
길들여라

행동을 일으켜 무엇인가를 시작할 때, 자신의 성향을 알고 체질을 파악하는 일보다도 더 중요한 것은 운을 살펴보는 것이다.

40세나 되어서 히포크라테스^{고대 그리스의 의학자}에게 몸을 건강하게 해달라고 부탁하는 것은 어리석은 짓이며, 세네카^{고대 로마의 철학자}에게 지혜를 달라고 머리를 조아리는 것 역시 어리석은 일이다.

운명의 여신을 움직이는 법을 가장 먼저 익혀야 한다. 때로는 마냥 기다려야 할 때도 있다. 사실, 운명의 여신은 좀처럼 모습을 드러내지 않는다. 여신의 변덕스러운 행동을 완전히 파악할 수는 없지만 어쨌든 길들이도록 노력해야 한다.

운명의 여신이 눈길을 주면 앞뒤 가리지 말고 대담하게 돌진해야 한다. 운명의 여신은 두려움을 모르는 용맹한 자를 좋아한다. 운이 없을 때는 그저 가만히 있는 게 가장 좋다. 더 이상 실수를 범하지 않도록 조용히 있는 것이다. 여신을 길들이기만 한다면 새로운 운

세상을 보는 달콤한 지혜

명의 길이 활짝 열릴 것이다.

운명의 여신이 눈길을 주면 앞뒤 가리지 말고 대담하게 돌진해야 한다. 운
명의 여신은 두려움을 모르는 용맹한 자를 좋아한다.

유종의
미를
거두라

기쁨의 문을 통해 행운의 여신이 살고 있는 집으로 들어가는 자는 슬픔의 문을 지나 그곳에서 나올 수 있다. 슬픔의 문으로 들어가면 기쁨의 문으로 나오게 된다. 모든 일은 결말이 중요하다. 박수갈채를 받으며 들어서기보다는 유종의 미를 거두고 퇴장할 수 있어야 하는 것이다.

운이 좋다고 판단되는 사람조차도 순풍에 돛 단 듯 스타트를 끊었다가 비극적 결말을 맞이하는 경우가 종종 있다.

중요한 것은 환호성과 함께 도착점에 도달하는 게 아니다. 그것은 지극히 당연한 일이다. 그보다 중요한 것은 어떻게 떠나느냐 하는 것이다.

모든 걸 포기하고 은퇴하겠다는 사람을 거듭해서 계속 말리는 경우는 드물다. 행운의 여신은 나가는 문까지 배웅하지 않는다. 행운의 여신은 들어오는 사람에겐 인자하지만 도망치듯 나가는 사람에겐 쌀쌀맞도록 냉혹하다.

박수갈채를 받으며 들어서기보다는 유종의 미를 거두고 퇴장할 수 있어야
한다.

좋은
취향을
가져라

무슨 일에서든 좋은 점을 찾아낸다는 것은 그 사람에게 주어진 행운이다. 벌은 꿀을 찾아다니고, 뱀은 독을 찾아다닌다. 사람의 취향도 마찬가지로 좋은 면만을 보려 하는 사람이 있는가 하면, 나쁜 면만 보려는 사람이 있다. 세상 모든 것에는 반드시 좋은 점이 있게 마련이다.

세상에는 불행한 성격을 가진 사람들이 있다. 그들은 뛰어난 자질을 많이 가진 사람의 유일한 결점을 찾아내 비난한다. 그들은 대수롭지 않은 결점을 끄집어내 마치 큰일이라도 난 것처럼 그걸 떠들고 다닌다. 사소한 오류나 잘못된 판단 등 타인의 하찮은 실수를 찾아내는 데 온통 혈안이 되어 있는 것이다. 그러나 그런 것에 집착하는 만큼 언젠가는 그런 짓거리가 마음의 부담이 되어 견딜 수 없는 고통에 시달리게 될 것이다.

이런 취향의 인간이 행복할 리 없다. 쓰디쓴 독을 찾아다니기에,

타인의 하찮은 결점만이 뱃속에 가득하기 때문이다. 취향이 좋은 사람은 행복하다. 그들은 결점투성이인 사람에게도 행운의 여신이 내린 몇몇 장점이 있다는 사실을 금방 찾아내곤 한다.

취향이 좋은 사람은 행복하다. 그들은 결점투성이인 사람에게도 행운의 여신이 내린 몇몇 장점이 있다는 사실을 금방 찾아내곤 한다.

일상의 지혜

희망을
희망하라

바라는 게 아무것도 없다는 것, 미래에 대한 희망이 없다는 것은 불행한 일이다. 몸은 언제나 숨을 쉬고 있으며, 정신은 끊임없이 무엇인가를 추구하고 있다.

모든 것을 손에 넣는다면 무엇을 봐도 설레지 않을 것이고 무슨 일에서나 불만을 느낄 것이다. 지식도 마찬가지다. 배울 게 없다면, 더 이상 호기심이 없다면 인생은 지루할 것이다.

사람은 희망 때문에 살아갈 수 있는 것이다. 무엇이든 손에 넣어 행복을 맛보게 되면 이제 죽음만을 기다려야 할지도 모른다.

상대방의 공적에 보답할 때도 상대방을 완전히 만족시켜서는 안 된다. 바라는 것이 없어진 뒤가 더 무서운 법이다.

불행하기 때문에 행복한 것이다. 욕망이 사라지면 공포가 나타난다.

사람은 희망이 있기 때문에 살아갈 수 있는 것이다.

어리석은
행동으로
불행을
부르지 말라

불행은 대개 어리석은 행동의 결과로 찾아온다. 불행만큼 전염성이 강한 것도 없다. 제아무리 작은 것이라 할지라도 재앙에게 결코 문을 열어줘서는 안 된다. 그 뒤에 더 커다란 재앙이 수없이 숨어 있기 때문이다.

어떤 카드를 버려야 할지 알아야만 승부에서 승리를 거둘 수 있다. 가장 약한 카드가 때로는 끝까지 쥔 가장 강한 카드보다 게임 승패에 더 큰 영향을 미친다.

혼란스러울 때는 현명한 사람이나 사려 깊은 사람 곁에 붙어 있어야 한다. 그런 사람에게는 언젠가 행운이 찾아온다.

불행은 대개 어리석은 행동의 결과로 찾아온다. 불행만큼 전염성이 강한 것도 없다.

Chapter 3

인간관계의 지혜

"

친구와 사이가 벌어져 적이 되었다고 해도 친했을 때 알게 된 사실을 무기로 상대방을 공격해서는 안 된다. 우정이 증오로 바뀌었다 하더라도 지난날 자신에게 보여줬던 신뢰를 악용해서는 안 된다.

"

눈에는 눈,
이에는 이로
복수하지 말라

질투심을 노골적으로 드러내는 사람을 차갑게 대한다 해도 그리 좋을 것은 없다. 그보다는 그런 것에 구애받지 말고 관대하게 행동하는 편이 더 많은 것을 얻을 수 있다. 누군가 내 험담을 한다면, 오히려 그 사람을 칭찬해야 한다. 그렇게 하면 사람들 사이에서 나의 칭찬이 자자해질 것이다. 복수를 하고 싶다면 맡은 일에 모든 능력을 발휘해야 한다. 그렇게 뛰어난 업적을 남겨, 질투하는 상대를 누르고 고통을 주는 것이 진짜 복수일 것이다.

타인의 불행을 바라는 자는 상대방이 성공을 거둘 때마다 이를 갈며 괴로워한다. 그 사람의 영광이 라이벌에게는 지옥이나 다름없기 때문이다. 자신의 성공으로 상대방에게 독이 되도록 하는 것이 가장 교묘한 응징이다. 질투심이 깊은 사람에게는 죽음이 몇 번씩이고 찾아온다. 라이벌이 사람들의 갈채를 받을 때마다 죽음을 맞이하는 것이다.

라이벌이 불후의 명성을 얻으면 질투심을 품고 있는 자는 영원한 형벌에 괴로워하게 된다. 상대방은 영광에 휩싸여 불멸의 생명을 획득하고, 질투에 사로잡힌 자는 영원한 형벌을 받게 되는 것이다. 사람의 명성이 세상에 널리 울려 퍼지게 되면 그를 질투하는 사람은 고뇌의 교수대로 향하는 계단을 오르기 시작하는 것이다.

복수를 하고 싶다면 맡은 일에 모든 능력을 발휘해야 한다. 그렇게 뛰어난 업적을 남겨, 질투하는 상대를 누르고 고통을 주는 것이 진짜 복수일 것이다.

인간관계의 지혜

타인의
조언에
귀 기울여라

살면서 접근하기 어려운 사람으로 보여서는 안 된다. 인간은 완전 무결할 수 없기 때문에 타인의 조언을 필요로 하는 경우가 있다. 타인의 이야기에 귀를 기울이지 않는 자는 달리 구제할 길이 없는 어리석은 사람이다. 타인의 힘은 빌리지 않는다 하더라도 친구의 진심이 담긴 조언 정도는 고맙게 들어야 한다. 가장 윗자리에 선 사람이라 할지라도 기꺼이 타인의 가르침을 청해야 한다.

접근하기 어려운 사람으로 보이면 막상 큰일을 당했을 때 어려움을 겪게 된다. 궁지에 몰렸을 때 도와주는 사람이 없어서 자멸의 길을 걷게 되기 때문이다. 무슨 일이 있어도 자신의 의지를 꺾지 않겠다고 말하는 사람일지라도 친구를 맞아들일 문 하나 정도는 열어두어야 한다. 그 문을 통해 누구든 구원의 손길을 내밀 것이다.

거침없이 나를 질타하고 충고해줄 사람이 필요하다. 친구를 믿고 이 같은 관계를 만들어야 한다. 그것은 또한 상대방의 성실성을 인정하고 지성을 높이 평가하고 있다는 증거다. 이 사람 저 사람, 아무나 믿고 그런 관계를 맺어서도 안 되겠지만, 마음 깊은 곳에서는 참된 친구를 거울이라 생각하고 언제나 주의해서 있는 그대로 자신을 보도록 해야 한다. 그러면 그 거울에 비친 자신의 모습을 잘못 보는 과오는 범하지 않을 것이다.

타인의 이야기에 귀를 기울이지 않는 자는 달리 구제할 길이 없는 어리석은 사람이다. 타인의 힘은 빌리지 않는다 하더라도 친구의 진심이 담긴 조언 정도는 고맙게 들어야 한다.

가장 좋은
친구를
만들어라

곁에 있어서 고마운 친구가 있는가 하면, 멀리 두고 사귀는 것이 더 좋은 친구도 있다. 이야기 상대로는 적합하지 않지만 편지를 주고받기에 적합한 친구도 있다. 가까이 있을 때는 견디기 힘든 결점이라도 멀리 떨어져 있으면 그다지 마음에 걸리지 않는 법이다.

친구와의 사귐에서 즐거움만을 추구해서는 안 된다. 친구에게서도 무엇인가 얻으려 노력하지 않으면 안 된다.

어떤 친구에게는 무엇에도 뒤지지 않는 가치가 있다. 뛰어난 우정은 반드시 갖추고 있는 세 가지 특질이 있다. 바로 조화, 선, 진실이다.

좋은 친구를 가진 사람은 극히 드물다. 친구를 선택하는 법을 모른다면 참된 친구는 거의 얻을 수 없다. 새로운 친구를 만들기보다는 우정을 오랫동안 지속시키는 법을 아는 것이 더 중요하다. 우정을 오래 유지할 수 있는 사람을 친구로 삼아야 한다. 지금은 깊이 사귀지 못한 친구라 할지라도 언젠가는 오랜 친구가 될 날이 올 것이라고 생각하면 마음도 편안해질 것이다.

　가장 좋은 친구란, 인생 경험이 풍부하고 수많은 고락을 함께해
온 친구다. 친구가 없는 인생이란 황무지 같은 것이다. 친구가 있으
면 인생의 기쁨은 더욱 커지며 슬픔도 함께 나눌 수 있다. 불행한
일을 당했을 때, 우정은 의지할 곳이 되며 마음을 위로해주는 안식
처가 되어준다.

　친구는 제2의 자신이다. 누구나 친구에게는 친절하게 대하며 가
벼운 마음으로 지혜를 빌려준다. 그들과 함께 있으면 무슨 일이든
순풍에 돛 단 듯 풀리는 법이다.

　친구가 기대를 걸어준다는 것은 자신에게 그만큼의 가치가 있다
는 소리다. 그들이 높이 평가해줬다면, 그것을 그대로 받아들여도
좋을 것이다. 친구의 입에서 나오는 것은 마음 깊은 곳에서 나오는
말이다. 상대방을 위해서 하는 말만큼 사람의 마음을 사로잡는 것
도 없다.

　친구를 만들기 위해서는 소탈하게 행동하는 것이 제일 좋다. 어
느 정도의 것을 얻을 수 있을지, 얼마만큼의 일이 가능한지는 친구
에 따라 달라지는 것이다.

　이 세상에는 친구와 함께 살아가느냐, 적을 상대로 나날을 보내
느냐 하는 두 가지 길밖에 없다. 하루에 한 사람씩 친구를 만들 수
있다면 더 바랄 게 없다. 친구가 아닌 나를 흠모하는 사람이어도 상
관없다. 잘 선택하기만 한다면 신뢰할 만한 가치가 있는 친구가 몇

명은 남게 될 것이다.

가장 좋은 친구란, 인생 경험이 풍부하고 수많은 고락을 함께해온 친구다. 친구가 없는 인생이란 황무지 같은 것이다. 친구가 있으면 인생의 기쁨은 더욱 커지며 슬픔도 함께 나눌 수 있다.

세상을 보는 달콤한 지혜

승산 없는 **싸움을** 하지 말라

상대방이 나보다 한발 앞서 우세한 자리를 차지했다고 해서 열세에 놓여 있는 무리와 함께 행동해서는 안 된다. 승산 없는 싸움에 휘말려 수치를 맛볼 것이기 때문이다. 가령 논쟁을 벌이게 된다 하더라도 중과부적이다. 적이 이쪽을 따돌리고 유리한 입장을 차지한 것은 그만큼 빈틈이 없었기 때문이다.

언제나 열세에 놓여 있는 편에 서서 적에게 대항한다면 어리석은 자라는 오명을 벗을 수 없을 것이다. 고집스러운 말을 하는 것은 위험한 일이지만, 그보다 더 위험한 것은 계속해서 고집스러운 행동을 하는 것이다. 말보다 행동이 더 쉽게 불행을 불러오기 때문이다. 고집이 센 사람 대부분은 매우 무지하기 때문에 정론에 대해서도 거침없이 반박을 하며 자신의 이익은 돌보지도 않고 싸움에 임한다.

사려 깊은 자는 결코 감정에 휘둘리지 않고 언제나 이치에 합당한 편에 선다. 그들은 사태가 그렇게 될 것을 미리 예측하고 있거나, 혹은 도중에 깨닫고 자신의 입장을 바꾸는 것이다. 적이 어리석은 자일 경우에는 이쪽에서 아무것도 하지 않았는데도 그들 스스로 방침을 바꿔버리는 경우도 있다. 그렇게 되면 전세가 역전되어 상대방은 열세에 놓이게 된다. 바로 그때 적을 주류의 자리에서 끌어내리고 자신이 우세한 위치를 점하는 것이다. 어리석은 적은 열세에 놓인 편에 서서 계속 고집을 부리며 대항하다가 결국 치욕을 당할 것이다.

고집스러운 말을 하는 것은 위험한 일이지만, 그보다 더 위험한 것은 계속해서 고집스러운 행동을 하는 것이다. 말보다 행동이 더 쉽게 불행을 불러오기 때문이다.

세상을 보는 달콤한 지혜

사려 깊은
친구와
교류하라

친구로 삼을 이가 분별력이 있는 사람인지 잘 살피고 운이 좋은 사람인지도 확인하라. 의지가 강하고 총명한 사람이라면 선택해도 좋다. 성공한 인생을 보낼 수 있느냐 없느냐 하는 것은 좋은 친구가 있느냐 없느냐 하는 점에 달려 있다. 그럼에도 불구하고 그 점에 특별히 주의를 기울이는 이가 별로 없다.

작은 일을 계기로 친구가 되는 경우도 있기는 하지만 대부분은 우연히 친구가 되는 경우가 많다.

사람은 그 친구에 의해서 판단된다. 현명한 사람은 어리석은 사람과 친하게 지내지 않는다. 함께 떠들고 즐기는 가운데서 참된 친구가 생겨날 리가 없다. 그 사람의 재능을 완전히 인정한 것은 아니지만 유머 감각만은 인정해서 서로 사귀는 경우도 있다.

우정에는 올바른 것이 있는가 하면, 올바르다고는 말할 수 없는 것도 있다. 후자는 쾌락을 추구하기 위한 우정이며, 전자는 인생에

풍부한 결실을 가져다주고 성공을 약속하는 우정이다. 도리에 합당한 친구의 날카로운 비판이 그 외에 수많은 선의의 말보다도 훨씬 더 고마운 것이다. 따라서 친구는 되는 대로 사귀지 말고 신중하게 사귀어야 한다. 사려 깊은 친구는 슬픔을 쫓아내며, 어리석은 친구는 비애를 부른다. 무엇보다 우정을 계속 유지하고 싶다면 친구가 유복해지기를 바라서는 안 된다.

친구는 되는 대로 사귀지 말고 신중하게 사귀어야 한다. 사려 깊은 친구는 슬픔을 쫓아내며 어리석은 친구는 비애를 부른다.

어리석은
사람을
멀리하라

어리석은 사람과 사귀면 억울한 피해를 당하게 된다. 어리석은 자를 구분하지 못하는 사람 역시 어리석은 자다. 상대방이 어리석은 사람인 줄 알면서도 사귀는 것은 더욱 어리석은 일이다. 설사 깊은 교제가 아니라 할지라도 어리석은 사람과 사귀는 것은 위험한 짓이다. 상대방을 믿었다가는 커다란 낭패를 보게 될 것이기 때문이다.

처음에는 어리석은 사람도 주의를 기울이고 이쪽도 조심해서 대하지만, 시간이 흐르면 그 어리석음이 겉으로 드러나 어처구니없는 짓을 저지르게 되는 법이다.

세상의 평판이 좋지 않은 자와 사귀게 되면 결국 자신의 명성에도 흠집이 나게 마련이다. 어리석은 자는 틀림없이 불운에 휩싸이게 된다. 그것이 그들의 운명이다. 어리석음과 불운이라는 이 두 가지 불행은 그들에게 엉겨 붙어 떨어지질 않는다. 어리석은 사람과 사귀는 자는 그 불행을 자신에게도 불러들이는 셈이다.

물론 어리석은 자에게도 장점이라고 할 만한 것이 한 가지 있긴 하다. 어리석은 사람에게 현명한 사람은 아무 짝에도 쓸모가 없는 존재지만, 어리석은 사람은 거울처럼 현명한 사람에게 도움이 되기도 한다.

어리석은 자를 구분하지 못하는 사람 역시 어리석은 자다. 상대방이 어리석은 사람인 줄 알면서도 사귀는 것은 더욱 어리석은 일이다.

명예심을 가진
인간을
중시하라

절도 있는 사람에게 호의를 베풀고 그들에게도 호감을 줄 수 있도록 해야 한다. 절도를 중히 여기는 태도가 어떤 경우에라도, 설사 의견이 대립된다 하더라도 자신을 공정하게 취급해준다. 왜냐하면 그런 사람은 자신이 옳다고 생각하는 대로 행동하기 때문이다. 그래서 마음이 비천한 사람을 쓰러뜨리는 데 에너지를 소비하기보다는 고결한 사람과 싸우는 편이 그나마 유익하다.

상대가 비열한 사람이라면 무슨 수를 쓰든 일이 제대로 풀릴 리 없다. 그들은 애초부터 공정하게 행동해야겠다는 의무감 같은 것은 가지고 있지도 않다. 그렇기 때문에 그런 사람들과의 사이에서 참된 우정이란 자라나지 않는다.

그들이 입으로 그럴듯한 말을 한다 해도 그런 것은 믿을 만한 것이 못 된다. 명예를 중히 여기는 마음에서 나온 말이 아니기 때문이다. 명예심이 없는 사람은 상대하지 않는 편이 좋다. 명예를 중히 여기지 않는 사람은 미덕도 중히 여기지 않기 때문이다. 고결한 사람에게 명예심이란 훈장과도 같은 것이다.

마음이 비천한 사람을 쓰러뜨리는 데 에너지를 소비하기보다는 고결한 사람과 싸우는 편이 그나마 유익하다.

증오의 문 대신
우정의 문을 열라

적에 대해서 고결하게 행동하면 세상의 칭찬을 얻을 수 있다. 단, 권력을 손에 넣기 위해서만 싸우고 있는 것이 아니라면, 자신이 뛰어나다는 인상을 사람들에게 주어야 한다. 가령 상대를 쓰러뜨렸다 하더라도 비열한 방법을 썼다면 그것을 승리라 부를 수 없다. 그것은 오히려 패배와 다를 바 없는 것이다.

기품 있는 사람은 금지된 무기를 손에 쥐지 않는다. 친구와 사이가 벌어져서 적이 되었다고 해서 친했을 때 알게 된 사실을 무기로 상대방을 공격해서는 안 된다. 우정이 증오로 바뀌었다 하더라도 지난날 자신에게 보여줬던 신뢰를 악용해서는 안 되는 것이다. 배신으로 여겨지는 행동을 조금이라도 하면 평판이 떨어지게 된다.

고결한 사람에게는 비열한 부분이 한 치라도 있어서는 안 된다. 귀인은 비열한 방법을 쓰지 않는다. 가령 이 세상에서 기품, 관대함, 성실 같은 미덕이 사라져버린다 할지라도 자신의 가슴속에만은 그것이 있다고 자랑할 수 있는 사람이 되어야만 한다.

라이벌과 경쟁을 벌이면 세상의 평가가 나빠진다. 경쟁 상대는 곧 내 결점을 찾아내 그것으로 내 신용을 떨어뜨리려 할 것이다. 공정하게 싸우는 사람은 거의 찾아볼 수가 없다. 관대한 사람이라면 대수롭지 않게 보는 결점이라도 적은 결코 놓치지 않는다. 매우 높은 평판을 얻고 있던 자가 적으로 인해 그 명성을 잃었던 사례는 수없이 많다.

격렬한 적의를 품고 있는 자는 세상이 이미 잊은 지 오래된 상처를 헤집으며, 악취가 풀풀 나는 과거를 들춰낸다. 결점을 폭로함으로써 전쟁에 불이 붙고 그것이 더욱 심화되면 적은 도움이 될 만한 것은 전부 이용한다. 원래는 써서는 안 될 비열한 방법까지 쓰는 것이다. 그런 일을 해봐야 사람들의 감정만 상하게 할 뿐, 아무런 득도 되지 않는 경우가 많지만 복수를 했다는 더러운 만족감을 얻을 수만 있다면 그들은 그것으로 만족하는 것이다.

사람과 싸움을 하게 되어 상대에게 복수심을 품게 하면, 모든 사람이 잊고 있던 지난날의 상처까지 파헤쳐진다. 사람들에게 호감을 심어주면 싸움 같은 것은 일어나지도 않을 것이며 명성에 흠집이 가는 일도 없을 것이다.

친구와 사귈 때는 상대방이 가장 무서운 적이 될 경우까지 대비해두지 않으면 안 된다. 이는 실제로 벌어질 수 있는 일이다. 앞으로 그런 일이 없으리라고는 장담할 수 없다.

우정을 배신한 자를 증오하며 복수해야겠다고 마음먹어서도 안 된다. 그런 싸움은 비참하기 짝이 없는 결과를 낳는다. 친구가 적이 되었다 하더라도 오히려 화해를 위한 문을 열어두는 편이 낫다. 관대한 행동을 보이는 것이 화해로 가는 확실한 길이다.

복수의 기쁨은 때로 괴로운 고통으로 변하는 경우가 있다. 상대방에게 상처를 주었다는 만족감이 격렬한 고통이 되어 돌아오는 경우도 있는 것이다.

기품 있는 사람은 금지된 무기를 손에 쥐지 않는다. 친구와 사이가 벌어져서 적이 되었다고 해서 친했을 때 알게 된 사실을 무기로 상대방을 공격해서는 안 된다. 우정이 증오로 바뀌었다 하더라도 지난날 자신에게 보여줬던 신뢰를 악용해서는 안 되는 것이다.

친구의
호의를
낭비하지
말라

특별한 경우에 한해서만 친구의 힘을 빌려야 한다. 하찮은 일로 타인의 친절에 기대거나 그 힘을 빌려 사용하는 것은 삼가야 한다. 진정으로 위험한 순간에 처했을 때를 대비해서 타인의 호의는 적당히 구해야 한다. 하찮은 일로 언제나 남에게 의지하다 보면 상대방의 호의도 점점 약해지게 마련이다.

내 몸을 걱정해주는 친구의 호의만큼 귀중한 것도 없다. 친구와 함께 이야기를 나누면 좋은 생각이 떠오르지만, 혼자서는 아무리 생각을 해봐도 좋은 생각이 좀처럼 떠오르지 않는다. 현명한 사람은 그 인품으로 사람들에게 호감을 주고, 그 명성으로 많은 것을 손에 넣는다. 운명의 신은 그것을 질투해서 그를 궁지로 몰아넣는다. 참으로 어려움에 처했을 때는 아무리 많은 것을 가지고 있다 해도 전혀 도움이 되지 않는다. 호감을 품고 있는 사람들의 마음을 꼭 붙들어두어야 한다.

특별한 경우에 한해서만 친구의 힘을 빌려야 한다. 하찮은 일로 타인의 친절에 기대거나 그 힘을 빌려 사용하는 것은 삼가야 한다. 진정으로 위험한 순간에 처했을 때를 대비해서 타인의 호의는 적당히 구해야 한다.

기품 있는
사람들과
교류하라

칼을 잡을 때 날 부분을 잡으면 상처를 입는다. 손잡이를 잡으면 몸을 지키는 무기가 된다. 현명한 사람이 적으로부터 얻는 이익이 어리석은 사람이 친구에게서 얻는 이익보다 훨씬 더 크다. 호의를 품고 있던 사람이 두려움을 느끼고 도망치는 것만큼이나 적의를 가진 자의 손에 의해 제거되는 것도 종종 볼 수 있는 현상이다. 적 때문에 위대한 인물이 될 수 있었던 예는 얼마든지 찾아볼 수 있다.

아부는 증오보다 더 위험하다. 아부에 의해 숨어 있던 결점을 증오심이 파헤쳐 바로잡아준다. 사려 깊은 자는 악의에 넘친 타인의 시선을 거울로 삼는다. 호의를 담고 있는 시선보다 악의를 담고 있는 시선에 참된 모습이 비친다. 그리고 그는 그것을 보고 약점을 없애 결점을 바로잡는다. 악의를 품고 있는 적과 마주하면 사람은 무슨 일에나 주의를 기울이게 된다.

배울 점이 많은 친구와 사귀어야 한다. 그런 교제는 지식을 쌓는 학교가 되어준다. 친구와의 대화를 통해 세련된 교양을 익히는 것이다. 친구를 스승으로 삼으면 대화를 즐기면서 유익한 지식을 얻을 수 있다. 그래서 지식인과의 교류를 즐겨야 한다. 내가 감탄의 소리를 지른다면 그것만으로도 보람 있는 일이다. 상대방의 말에 귀를 기울이고 있으면 저절로 지식이 쌓여간다.

사람과 사람과의 교류는 오로지 이해관계에 의해서만 이루어지는 경우가 많다. 비록 이해관계에 의한 만남이라 할지라도 지식인과의 교류에는 기품이 넘쳐흐른다. 사려 깊은 자는 유명하고 품격 있는 사람의 집에 자주 드나든다. 그곳은 허영이 소용돌이치는 곳이 아니다. 명사들이 모여드는 무대인 것이다. 그중에는 학식을 칭송받으며 풍부한 식견으로 이름을 드날리고 있는 인물도 있다. 그런 사람들과 가까이 지내며 그들을 모범으로 삼으면 인생에서의 중요한 점도 꿰뚫어볼 수 있을 것이다.

그들 주위에는 사려 깊고, 분별 있으며, 뛰어난 지혜를 가진 사람들이 모여드는 기품 넘치는 살롱이 형성되는 것이다.

배울 점이 많은 친구와 사귀어야 한다. 그런 교제는 지식을 쌓는 학교가 되어준다. 친구와의 대화를 통해 세련된 교양을 익히는 것이다. 친구를 스승으로 삼으면 대화를 즐기면서 유익한 지식을 얻을 수 있다.

분란의
씨앗은
심지도
말라

불평해봤자 사람들은 동정해주지 않으며 위로해주지도 않는다. 오히려 불평하는 자에게 화를 내며 오만한 태도를 보이기까지 한다. 한바탕 불평을 털어놓을 때, 청자는 화자를 그런 취급을 받는 사람이니 어떤 모욕을 받아도 상관없을 것이라고 생각한다. 불만을 이야기하면 그것이 계기가 되어 또 다른 불만의 씨앗이 싹튼다.

불평을 하는 자는 상대방의 도움을 기대하고 위로해주기를 바라는 것이지만, 그것을 듣는 사람은 내심 비웃을 뿐이며 때로는 경멸까지 한다. 사람들에게 자신이 받은 친절에 대해서 칭찬하는 편이훨씬 더 현명한 방법이다. 그렇게 하면 상대방은 더욱 호의를 갖고나를 대할 것이다. 어떤 사람에게, 다른 사람에게서 받은 여러 가지호의를 이야기한다는 것은 그런 친절을 자신에게 베풀기 바란다고상대방에게 은근히 종용하는 것과 마찬가지의 효력을 낸다.

자신에게 수치가 될 만한 일이나 모욕을 당했던 일은 결코 남에게 이야기해서는 안 된다. 이야기해도 좋은 것은 타인에게서 받은 호의밖에 없다. 이렇게 하면 내 편은 더욱 늘어날 것이며 적은 훨씬 줄어들 것이다.

험담을 해서도 안 된다. 유명한 사람을 공격하여 자신의 이름을 알려서는 안 된다. 비천한 험담은 위트도 그 무엇도 아니다. 그런 얘기를 해봐야 상대는 기뻐하지 않을 것이며 오히려 말한 사람을 멀리하게 될 것이다. 험담의 대상이 된 사람은 언젠가는 이를 되돌려주겠다며 나에 대한 험담을 하기 시작할 것이다. 그렇게 되면 힘 한 번 쓰지 못하고 질 것이다.

타인의 불행을 기뻐해서도 안 된다. 타인의 실패를 놓고 이런저런 비평을 가해서도 안 된다. 험담하며 돌아다니는 자는 반드시 미움을 받게 된다. 타인의 험담을 늘어놓는 자는 더욱 혹독한 험담을 듣게 될 것이다.

무시하는 법을 익혀야 한다. 필요한 것이 있을 때 그렇지 않은 척해 보이는 것도 하나의 방법이다. 무엇인가 찾을 때는 전혀 모습을 드러내지 않다가 찾기를 포기한 뒤에 그것이 모습을 드러내는 경우는 아주 흔히 경험하는 일이다.

이 세상에 있는 모든 것은 하늘에 있는 것들의 그림자이기 때문에 그림자와 같은 움직임을 보인다. 내가 추구하면 달아나고 내가 달아나면 나를 따라오는 법이다.

복수를 할 때도 상대방을 완전히 무시하는 것이 가장 좋은 방법이듯, 타인이 중상모략을 할 때 그것을 묵살해버리는 것이 가장 현명한 방법이다. 자신의 결백을 밝히겠다며 붓의 힘에 의지하여 상대를 비방해서는 안 된다. 기록은 영원히 남기 때문에 그렇게 하는 것은 상대방을 응징하는 게 아니라 그 사람의 이름이 영원히 남도록 도와주는 꼴이 돼버릴지도 모른다.

잔꾀만 많을 뿐 그리 대단할 것도 없는 사람들은 일류 인사들이 하는 말 하나하나에 꼬투리를 달려고 한다. 참된 명성에 걸맞은 일은 무엇 하나 하지 못하기 때문에 뛰어난 사람들에게 달려들어 자신의 이름을 높이려 하는 것이다. 뛰어난 적들의 눈에 띄어 그들과 논쟁을 벌이지 않았다면 무명에 그쳤을 것으로 생각되는 사람들이 수없이 많다.

망각보다 더한 복수도 없다. 하찮은 무리들에 관한 일은 기억 저편으로 밀어내 잊어버리는 게 가장 좋다. 세상에는 구제할 길이 없는 어리석은 자들이 많다. 그들은 이 세상의 보석이라고도 할 만한 사람들에게 불을 질러서라도 자신의 이름을 후세에 남기려 한다.

불평불만을 토로하는 자는 무시해버리고 상대해주지 않으면 제풀에 꺾여버리는 법이다. 쓸데없이 반박했다가는 혹독한 일을 당하게 된다. 그렇다고 해서 그런 사람들의 불만을 옳다고 인정하면 다른 사람들의 비평을 사게 될지도 모른다.

어쨌든 나에게 맞서 이겨보려는 자가 있다는 것은 행복한 일이다. 그것은 나의 가치를 인정하고 있다는 사실이니까 말이다. 상대방의 비난이나 중상으로 조금 상처를 입게 되더라도 명성에 커다란 영향을 끼치지 않는 경우라면 내 가치가 실추되지는 않을 것이다.

세상에는 삐딱한 시선을 가진 사람들도 많다. 그들은 타인이 행하는 모든 일을 나쁘게만 보고 비난한다. 그들은 성격상 그렇게 하지 않고는 못 견딘다. 이미 해놓은 일은 물론 할 일에 대해서도 집요하게 따진다. 상대방이 누구든 상관하지 않고 비난의 공격을 퍼붓는다. 기본적으로 비열한 정신을 가진 사람들이다.

이런 사람들은 타인을 과장되게 비판한다. '침소봉대針小棒大'라는 말이 있다. 바늘처럼 조그만 과실을 봉처럼 큰 실수로 둔갑시켜 떠들면서 그 봉으로 상대를 때려눕히려는 것이다. 이런 시비꾼이 세상천지에 득세한다면 낙원도 감옥으로 변해버릴 것이다. 그들을 화나게 하면 어떤 극단적인 행동을 할지 알 수가 없다.

반면, 선량한 사람들은 이런 각 유형의 사람들이 무슨 일을 하든 관대하게 받아들인다. 타인이 어떤 좋지 않은 일을 해도 악의는 없었다거나 조그만 부주의로 실수한 것이라고 말하며 상대방을 감싸려 한다.

한바탕 불평을 털어놓을 때, 청자는 화자를 그런 취급을 받는 사람이니 어떤 모욕을 받아도 상관없을 것이라고 생각한다. 불만을 이야기하면 그것이 계기가 되어 또 다른 불만의 씨앗이 싹튼다.

노력으로
승부하라

행운에 의해서 시작된 일이라도 그것을 성취하기 위해서는 노력이 필요하다. 뛰어난 재능이 있다 해도 그것만으로는 충분치 않다. 인간관계도 마찬가지다. 부드러운 천성도 천성이지만, 노력으로 타인에게 베푼 은혜에 따라 상대방의 호의도 달라진다. 최대한 친절하게 사람들을 대해야 한다. 말을 조심하고 평소 언동에 더욱 신경을 써야 한다.

세상에 나서기 위해서는 능력과 더불어 노력이 필요하다. 능력에만 기대지 않고 노력을 게을리하지 않는다면 그 사람은 저절로 두각을 나타내게 된다. 평범할지라도 노력하는 사람은 우수하지만 노력하지 않는 사람보다 더 뛰어난 업적을 거둘 수 있다. 노력이 가져다주는 것은 매우 크며 명성까지도 얻을 수 있다. 일을 하는 데는 소질과 솜씨도 필요하지만 그보다 더 중요한 것은 노력이다. 피땀 흘리는 노력에 의해서만 열매를 맺을 수 있다.

평범할지라도 노력하는 사람은 우수하지만 노력하지 않는 사람보다 더 뛰어난 업적을 거둘 수 있다.

분노를
제압하라

쉽게 마음에 상처를 받는 사람은 원만한 인간관계를 유지하지 못할 확률이 높다. 친구가 생기지 않으며 사소한 일에도 마음이 어지러워지고 남들에게 자신의 나약함을 드러내 보인다. 이런 사람은 사사건건 화를 내 주변인들을 질리게 만든다. 그들은 너무나 쉽게 상처를 받기에 조심조심 다가서지 않으면 안 된다. 그러한 부담 때문에 그들 곁에는 점점 사람들이 떠나간다.

그들은 남들의 사소한 말, 대수롭지 않은 일에도 대단히 예민하게 반응한다. 이런 사람들을 상대할 때는 언제나 조심스럽게 대화를 나눠야 하며, 쉽게 상처받는다는 사실을 염두에 두고 접근해야 한다. 조금이라도 차가운 모습을 보이면 그들은 곧 폭발하듯 분노할 것이다.

이런 사람들의 머릿속은 언제나 자신에 관한 일로 가득 차 있으며, 자신이 좋아하는 일만을 추구한다. 그것을 위해서라면 다른 일은 어떻게 되든 상관하지 않는다. 자신의 명예가 가장 중요하다는 천박한 생각에 사로잡혀 있다.

　분노를 억누르는 방법을 익혀야 한다. 언제나 마음속을 들여다보고 분노가 폭발하지 않을지 세심히 살펴보아야 한다. 현명한 사람은 언제나 이것을 잊지 않는다. 피가 거꾸로 솟아오를 것 같다면 흥분하기 시작했음을 인지해야 한다. 이런 자각 속에서 기분을 가라앉히고 감정이 폭발하지 않도록 강한 자제력을 발휘해야 한다. 이런 식으로 자신을 제어하면 언제든 분노를 바로 잠재울 수 있다.

　분노를 억누르는 방법을 몸에 익히고 화가 나려 할 때마다 바로 마음을 진정시켜야 한다. 일단 분노가 폭발하면 그것을 억누르기란 매우 어렵다. 격렬한 분노에 사로잡혔을 때에도 이성적인 행동을 한다면 그것은 그 사람의 분별력이 매우 뛰어나다는 증거다.

　격정에 휩싸이면 자칫 이성을 잃기 쉽지만 언제나 이처럼 주의를 기울이면 분노에 이성을 잃지도 않을 것이며, 양식에서 벗어난 행동도 하지 않을 것이다. 격정에 몸을 내맡기지 말고 신중하게 그물을 쳐야 한다. 그렇게 하면 분명 말 위에서 제정신을 잃지 않는 처음이자 마지막 사람이 될 것이다.

격정에 몸을 내맡기지 말고 신중하게 그물을 쳐야 한다. 그렇게 하면 분명 말 위에서 제정신을 잃지 않는 처음이자 마지막 사람이 될 것이다.

어리석은
사람을
경계하라

무례한 사람, 고집 센 사람, 겉만 번지르르한 사람 등등 이 모든 어리석은 사람을 경계해야 한다. 세상에는 어리석은 사람이 헤아릴 수도 없이 많은데, 그런 무리들과의 관계를 피하는 데 필요한 것이 분별력이다.

사려분별이라는 거울에 비추어 매일 결의를 새로이 하고 어리석은 자들의 공격을 피하도록 노력해야 한다. 언제나 앞날에 대한 계획을 세우고 하찮은 사건에 휩싸여 명성을 잃을 위험에 처하지 않도록 해야 한다. 사려분별로 무장하면 어리석은 자들의 공격으로부터 몸을 지킬 수 있다.

인간관계라는 바다에는 날카로운 암초들이 수없이 많기 때문에 명성의 거함이 언제 좌초할지 모른다. 이 바다를 안전하게 건너기 위해서는 오디세우스의 지혜를 본받아 끊임없이 진로를 바꿔야 한다. 그렇게 해서 능숙하게 위험을 피해야 한다. 특히 타인을 대할 때는 관대하고 예의 바르게 대해야 한다. 그것이 궁지에서 벗어나는 지름길이다.

누구나 타인보다 뛰어난 무엇인가를 가지고 있다. 사람마다 각기 다른 장점을 파악해두면 여러 가지로 도움이 된다.

현자는 상대방이 누구든 언제나 경의를 품고 그 사람을 대한다. 모든 사람에게서 좋은 점을 찾아내기 때문이며, 일을 처음부터 끝까지 원만하게 처리하는 것이 얼마나 어려운지를 잘 알고 있기 때문이다.

무례한 사람, 고집 센 사람, 겉만 번지르르한 사람 등등 이 모든 어리석은 사람을 경계해야 한다. 세상에는 어리석은 사람이 헤아릴 수도 없이 많은데, 그런 무리들과의 관계를 피하는 데 필요한 것이 분별력이다.

타인의
결점을
직시하라

못난 사람이라도 자꾸 보면 못생겨 보이지 않는다. 꼭 그 사람에게 의지해야 한다면 자신에게 좋은 점만 보면 된다.

　절대로 함께 생활하기 싫은 불쾌한 사람과 생활해야만 하는 경우도 있다. 그런 사람에게 익숙해지기란 매우 어려운 일이지만, 함께 하다 보면 언젠가는 익숙해지게 마련이다.

　일단 익숙해지면 그들이 무슨 짓을 해도 놀라지 않을 것이다. 처음 만났을 때는 깜짝 놀라겠지만 불쾌감도 조금씩 사라질 것이다. 신중하게 사람을 대하다 보면 어떤 불쾌한 일이 일어날지 미리 예감할 수 있으며, 실제로 불쾌한 일이 일어나더라도 점점 견딜 수 있을 것이다.

　상대가 자신의 검은 속내를 교묘한 말이나 정중한 태도로 숨기려 해도, 언제나 올바른 시선으로 사물을 보고 그 정체를 꿰뚫어보아야 한다.

악인이 금으로 된 왕관을 쓰고 있다 해도 본심은 숨길 수 없고, 마음이 비열한 자는 제아무리 품위 있는 척해도 그 비열함이 드러나고 만다. 검은 속내를 가진 사람이 높은 지위에 오른다 하더라도 비열한 인간임에는 변함이 없다.

물론 위인이라고 불리는 사람들에게도 결점은 있다. 그 위인의 명성이 그 결정 때문이 아님은 분명한 사실이다. 그런데 사람들은 그 사실을 알지 못한다. 훌륭한 사람처럼 행동하면 틀림없이 성공할 것이라 생각하고 나쁜 점까지도 그대로 배우려 한다. 상대에게 영합하고 결점이나 단점까지도 흉내 내려 한다.

상대가 자신의 검은 속내를 교묘한 말이나 정중한 태도로 숨기려 해도, 언제나 올바른 시선으로 사물을 보고 그 정체를 꿰뚫어보아야 한다.

타인의
진의를
해독하라

상대방의 성격을 파악해야 한다. 원인을 알면 결과를 상상할 수 있다. 결과를 보면 그 동기도 알 수 있다.

부정적인 사람은 앞으로 닥쳐올 불행만 생각하며, 무슨 일에나 반대하는 사람은 방해가 될 만한 일들만 예측한다. 그들의 머릿속에는 최악의 사태만 떠오르기 때문에 좋은 면이 있어도 그것을 보지 못하고, 비관적인 이미지만 부각한다.

감정에 휩쓸리기 쉬운 사람은 현상을 있는 그대로 전달하지 못한다. 말에 희로애락의 감정이 그대로 드러나 이성적으로 이야기하지 못한다. 감정에 휩싸여 기분에 따라 이야기하는 사람의 말은 진실과는 거리가 멀다.

상대방의 얼굴을 보고 그 사람의 성격을 파악하고 내면에 있는 진의를 해독하기에 힘써야 한다.

타인이 은연중에 내비치는 것의 진의를 파악하여 그것을 교묘하게 이용해야 한다. 그것이 대인관계를 원만하게 해주는 열쇠다. 사람은 은근히 돌려서 말해 상대방의 머리가 얼마나 좋은지 시험해보기도 하고, 속마음을 가만히 떠보기도 한다. 타인의 기분 같은 것은 전혀 생각지도 않고 악의에 가득 찬 마음을 은연중에 내비치기도 하고, 질투심이라는 강렬한 독이 발린 마음을 내비치기도 한다.

이는 눈에 보이지 않는 번개 같은 것으로, 사람들에게 호의와 존경을 얻는 사람을 일격에 실추시킨다. 아주 사소한 비아냥거림으로 받은 상처가 원인이 되어 추락의 길을 걷게 되는 사람도 있다. 그들을 권력에서 끌어내린 사람들은 대중 사이에서 불만이 높아지고 통렬한 비난이 쏟아져도 전혀 물러서지 않는다.

한편, 호의 넘치는 마음은 은연중에 내비치는 경우도 있다. 이는 전자와는 반대의 작용, 즉 사람의 명성을 지탱해주는 역할을 한다. 그런데 이 같은 호의를 받기 위해서는 악의적으로 쏘아올린 화살을 받을 때와 마찬가지로 기술이 필요하다. 주의 깊게 기다리고 있다가 신중하게 받아들여야 한다.

적을 아는 것이 최선의 방어책이다. 일격을 가할 것이라는 사실을 알고 있으면 그것을 피할 수도 있어야 한다.

적을 아는 것이 최선의 방어책이다. 일격을 가할 것이라는 사실을 알고 있으면 그것을 피할 수도 있어야 한다.

상대를
관찰하라

상대방에게 맞춰야 한다. 이것은 변신 능력과 예언 능력을 가진 그리스 신화의 늙은 해신海神 프로테우스가 가르쳐주는 지혜다. 학자를 대할 때는 학자처럼, 성인聖人을 대할 때는 성인처럼 행동하는 것이다. 바로 이것이 사람들의 마음을 사로잡는 방법이다. 누구나 자신과 비슷한 사람에게 호의를 갖게 마련이기 때문이다.

상대를 유심히 관찰하여 파악하고 거기에 자신을 맞춰보자. 상대가 성실한 사람이든 쾌활한 사람이든, 그때그때의 상황에 따라 재치 있게 자신을 바꿔가는 것이다. 특히 타인의 힘에 의지하고 있는 사람은 더더욱 그렇게 하지 않으면 안 된다.

학자를 대할 때는 학자처럼, 성인을 대할 때는 성인처럼 행동하는 것이 사람들의 마음을 사로잡는 방법이다.

대중의
먹잇감이
되지 말라

대중이란 수많은 머리를 가진 괴물이다. 사방팔방으로 열린 눈은 적의를 품고 있으며, 수많은 입에서는 중상中傷의 말들이 쏟아져 나온다. 때로는 소문 하나가 원인이 되어 명성에 상처를 입게 되는 경우도 있다. 그 소문이 별명처럼 따라다니게 되면 그 어떤 명예라도 날아갈 것이다.

사람들 눈에 띄기 쉬운 약점이나 어리석은 결점은 대중이 선호하는 먹잇감이다. 타인을 폄하하기에 이처럼 좋은 재료도 없다. 때로는 질투심에 휩싸인 적대자가 이러한 결점을 교묘히 날조하는 경우도 있다. 세상에는 험담을 일삼는 사람이 너무나 많다. 뻔뻔스러운 거짓말이 아닐지라도 슬쩍 던지는 한마디 농담으로 높은 평가를 얻고 있는 사람의 명성까지 한순간에 훼손되기도 한다.

악평은 순식간에 퍼져나간다. 나쁜 소문일수록 쉽게 믿기 때문인

데, 그것은 아무리 지우려 해도 쉽게 지워지지 않는다. 비열한 자의 교활한 행동에는 언제나 주의를 기울여야 한다. 하나의 소문을 미연에 방지하는 것이 후에 오명을 씻는 것보다 열 배는 더 간단한 일이다.

악평은 순식간에 퍼져나간다. 나쁜 소문일수록 쉽게 믿기 때문인데, 그것은 아무리 지우려 해도 쉽게 지워지지 않는다. 하나의 소문을 미연에 방지하는 것이 후에 오명을 씻는 것보다 열 배는 더 간단한 일이다.

세상을 보는 달콤한 지혜

간결하게
이야기하라

사람들과 말할 때 이야깃거리가 언제나 똑같은 것도 문제이지만, 장황하게 과장해서 말하는 것 역시 문제가 아닐 수 없다. 간결한 이야기는 기분을 좋게 해주며 그다지 내용이 없는 이야기라 할지라도 내실이 있는 이야기처럼 들리기 때문에 생각보다 더 많은 성과를 얻을 수 있다.

짧은 이야기일수록 좋다고 해서 성의 없이 말한다면 모든 것이 엉망이 되어버리고 만다. 예의를 지켜서 간결하게 말하면 많은 것을 얻을 수 있다. 좋은 이야기는 간결하게 말할수록 더욱 좋은 이야기가 된다. 하찮은 이야기라도 짧게 말하면 그다지 나쁘게 들리지 않는다. 필요한 포인트만을 잡아서 짧게 이야기하는 편이 여러 가지 것들을 뒤죽박죽 이야기하는 것보다 훨씬 더 효과적이다.

사람의 마음을 편안하게 해주기보다는 세상을 떠들썩하게 만들기를 좋아하는 사람들이 있다. 이런 사람들의 이야기는 알맹이 없는 말들로 장식되어 있을 뿐 아무런 도움이 되지 않기 때문에 제대로 귀를 기울여 듣는 이는 없다.

사려 깊은 사람이라면 자신의 이야기에 상대방이 싫증을 내게 해서는 안 된다. 특히 상대방이 유명 인사일 때는 더더욱 그렇다. 그들은 언제나 바쁘기 때문이다. 이런 사람들의 기분을 상하게 하는 것은 나머지 세상 사람들을 화나게 하는 것보다도 훨씬 더 좋지 않다. 이야기를 잘하고 싶다면 무슨 말이든 짧게 해야 한다.

간결한 이야기는 기분을 좋게 해주며 그다지 내용이 없는 이야기라 할지라도 내실이 있는 이야기처럼 들리기 때문에 생각보다 더 많은 성과를 얻을 수 있다.

자기
이야기에
신중하라

자신에 대한 이야기를 하면 아무래도 자랑이나 자기비하를 하게 된다. 자랑을 하면 상대방은 잘난 척한다는 생각을 하게 되고, 자기비하를 하면 쓸데없는 사람이라고 생각하게 된다. 양쪽 모두 양식 없음이 드러나 사람들에게 부정적인 편견을 주게 될 것이 뻔하다.

친구 사이에서도 일방적으로 자신의 이야기를 하지 않는 것이 중요하다. 물론 더 중요한 것은 지위가 높은 사람들과 이야기할 때다. 그런 위치에 있는 이들은 많은 사람과 더불어 이야기하기 때문에 조금이라도 잘난 척하는 모습을 보이면 바로 어리석은 사람 취급을 받게 된다.

무엇보다 함께 자리한 사람을 비하하는 이야기를 하는 것은 결코 현명한 처사가 아니다. 입에 발린 소리나 험담을 하면서 자신을 부각하려 한다면 반드시 진퇴양난의 상황에 빠질 것이다.

자신의 이야기에 그 누구도 감탄하지 않는데, 혼자 무아지경에 빠져서 뭘 어쩌자는 것인가? 자기만족은 경멸을 부를 뿐이다. 스스로 자신을 치켜세우면 그것이 쌓여서 언젠가는 자신에게 되돌아온다. 자신이 제안한 일에 스스로 감탄해서는 일이 제대로 풀릴 리 없다. 어리석은 자는 혼잣말을 중얼거리는데 사람들 앞에서 혼잣말을 중얼거리며 스스로 감탄하는 사람은 구제할 길이 없는 대단히 어리석은 자일 뿐이다.

이야기를 할 때 "안 그렇습니까?", "그렇죠?" 하며 끊임없이 상대방의 동의를 구하는 사람들이 있다. 자신의 판단에 확신을 갖지 못하고 상대방의 동의나 칭찬을 억지로 끌어내려 하는 것이다. 허영심이 강한 사람도 마치 메아리와 대화하듯 끊임없이 상대방의 동의를 구하려 한다. 그래서 우매한 자들끼리의 대화에는 별다를 게 없다. 어리석은 자가 자신의 이야기에 확신이 없는 듯한 모습을 보이면 그 말을 듣던 또 다른 어리석은 자가 곧 "맞습니다!" 하며 서로를 구원할 뿐 그 이상도 이하도 아닌 대화에 그치게 된다.

자랑을 하면 상대방을 잘난 척한다는 생각을 하게 되고, 자기비하를 하면 쓸데없는 사람이라고 생각하게 된다. 양쪽 모두 양식 없음이 드러나 사람들에게 부정적인 편견을 주게 될 것이 뻔하다.

타인의 **칭찬을** 과신하지 **말라**

누구에게나 필요 이상으로 상냥하게 구는 사람은 타인을 속이려 드는 자다. 마법의 약 같은 것을 사용하지 않고서도 사람에게 마법을 거는 자들이 있다. 모자를 벗어 우아하게 인사하는 모습만으로도 어리석은 사람들을 매료시킨다. 그들의 예의바른 행동에 허영심이 채워지기 때문이다.

이런 사람들은 누구에게나 상냥하게 대하며 신세를 진 일이 있어도 교묘한 말로 상대를 구슬려 흐지부지 넘어간다. 무슨 일이든 가볍게 약속하지만 그것이 지켜진 적은 한 번도 없다. 그들의 약속이란 어리석은 자를 속이기 위한 덫에 불과하다.

참된 예의란 경의를 표하는 것이며 겉으로 꾸미는 예의는 사람을 속이기 위한 책략이다. 지나치게 상냥하게 구는 것은 상대방을 공경해서 그러는 것이 아니라 어떤 흑심을 품고 있기 때문이다. 이는 상대방에게 예의를 표기 위해서가 아니라 재산에 머리를 숙여 그것을 빼앗아가려는 의도일 뿐이다. 상대방의 뛰어난 인격에 감탄한 것이 아니라 어떤 보답을 기대하고 있는 것일 뿐이다.

 타인을 지나치게 칭찬하는 것은 그리 달가운 일이 아니다. 그것
은 진실이 아닐 가능성이 매우 높다. 너무 지나치게 칭찬을 하면 자
신의 식견 없음이 드러나게 되며, 칭찬받는 사람도 그다지 기뻐하
지는 않을 것이다.
 칭찬은 호기심을 불러일으키며 기대하는 마음을 갖게도 하는데,
후에 그 칭찬이 과대평가에서 나온 것이라는 사실을 알게 되면 기
대가 무너졌다는 생각에서 칭찬하던 자와 칭찬받던 자 모두를 한없
이 깎아내리는 꼴이 된다.
 참으로 뛰어난 자는 그리 흔하지 않다. 따라서 너무 높은 평가를
내린다면 조금 생각해볼 일이다. 지나친 칭찬도 거짓말의 일종이
다. 이는 식견이 없다는 소리를 듣게 될지도 모를 뿐만 아니라 자신
에 대한 평가를 떨어뜨리는 일이 될지도 모른다.

**타인을 지나치게 칭찬하는 것은 그리 달가운 것이 아니다. 그것은 진실이
아닐 가능성이 매우 높다. 너무 지나치게 칭찬을 하면 자신의 식견 없음이
드러나게 되며, 칭찬받는 사람도 그다지 기뻐하지는 않을 것이다.**

세상을 보는 달콤한 지혜

역지사지의
정신으로
배려하라

무슨 일이든 반대하기만 하면 어리석은 사람, 귀찮은 사람, 고집스러운 사람이라는 낙인이 찍힌다. 즐겁게 담소를 나누다가도 이런 사람이 끼어들면 험악한 논쟁의 분위기가 연출된다. 그런 분위기가 반복되면 직접적인 교류가 없는 사람들조차도 그를 멀리하고, 지인까지도 적으로 돌아서기 십상이다. 사람들이 즐겁게 환담을 나누고 있을 때 굳이 이론까지 곁들이며 반론을 제기하여 언쟁을 일으키는 것만큼 사람의 감정을 해치는 것도 없다.

반대하기만 하는 사람들은 즐거운 한때를 한순간에 망쳐버린다. 이런 사람은 불쾌함을 유발하기 때문에 비호감일 수밖에 없다. 타인에게 미움을 받을 짓을 해서는 안 된다. 일부러 사람들의 반감을 살 짓을 할 필요가 뭐 있겠는가?

가만히 있는데도 사람들에게 미움을 받는 경우도 있다. 아니, 특별한 이유도 없이 타인을 미워하는 자는 세상에 수없이 많다. 왜 미

인간관계의 지혜

워하는지 그들도 이유를 알지 못한다.

선의는 좀처럼 전해지지 않지만 악의는 금방 간파된다. 물욕에 휩싸여 처참한 결말을 맞게 되는 경우를 흔히 볼 수 있는데, 복수심을 품었을 경우에는 그것이 더욱 빨리 찾아온다. 그렇게 결국 커다란 재앙이 돼버린다.

타인에게서 미움을 받으려는 사람은 세상에 아무도 없을 것이다. 일단 증오심이 사람의 마음속에 뿌리를 내리면 악평과 마찬가지로 아무리 씻어내려 해도 좀처럼 깨끗이 씻기질 않는다. 따라서 남들이 따뜻하게 대해주기를 바란다면 내가 먼저 배려하는 마음으로, 역지사지의 정신으로 상대방을 대해야 한다.

남들이 따뜻하게 대해주기를 바란다면 내가 먼저 배려하는 마음으로, 역지사지의 정신으로 상대방을 대해야 한다.

세상을 보는 달콤한 지혜

무관심한
척하라

타인을 대할 때는 진중하게 대해야 한다. 일상의 동작에서 기품이 느껴져야 한다. 유명 인사가 되려면 사소한 일에 얽매여 가볍게 행동해서는 안 된다.

타인과 이야기할 때, 하나하나 캐물을 필요는 없다. 특히 그다지 유쾌하지 않은 일에 대해서는 더욱 그렇다. 마음에 걸리는 점이 있다면 확인할 필요가 있겠지만, 그것도 자연스럽게 해야 한다. 마음을 털어놓고 이야기하던 것이 급변해서 심문처럼 돼버려서는 안 되기 때문이다. 당당하고 예의 바르게 행동하고 사소한 일에 집착하지 말아야 한다.

사람을 능숙하게 부리는 요령은 무관심한 척하는 것이다. 어떤 문제가 있다 하더라도 웬만한 일은 그냥 눈감아주는 게 좋다. 상대방이 친구나 아는 사람일 때는 물론, 적대자라 할지라도 그렇게 하는 것이 좋다. 무슨 일에서든 조그만 것에 연연하면 타인의 기분을 상하게 하는 법이다. 또 그런 성격을 갖게 되면 모든 사람이 귀찮게 여길 것이다. 인간으로서의 그릇의 크기는 대체로 그 태도에 나타나는 법이다. 도량의 크기와 능력에 따라 그에 어울리는 행동을 하게 된다.

사람을 능숙하게 부리는 요령은 무관심한 척하는 것이다. 어떤 문제가 있다 하더라도 웬만한 일은 그냥 눈감아주는 게 좋다.

지나친
친숙을
경계하라

타인과 너무 친숙하게 지내서는 안 된다. 타인이 지나치게 친숙한 행동을 하도록 해서도 안 된다. 별은 사람들 곁에 가까이 다가오지 않기 때문에 언제나 그 빛을 잃지 않는 것이다.

뛰어난 사람에게는 그에 어울리는 위엄이 요구되는데, 지나친 친숙함은 경멸을 부를 뿐이다. 늘 함께 있으면 존경심을 품기 어려워지는 법이다. 자주 이야기를 나누다 보면 상대방이 신중하게 숨기고 있던 결점이 눈에 보이기 시작한다.

그래서 지나치게 친숙해져서는 안 된다. 상대방이 윗사람이라면 위험에 처하게 되고, 아랫사람이라면 위엄을 잃게 된다. 특히 어리석고 예의를 모르는 속물들과는 결코 편안하게 지내서는 안 된다. 내가 은혜를 베풀어도 그것을 알지 못하고 오히려 그렇게 하는 것이 나의 의무라고까지 생각해버리기 때문이다. 지나친 친숙함은 어리석음과 통하게 되어 있다.

상대방에게 속내를 완전히 드러낼 필요는 없다. 상대방 역시 모든 것을 숨김없이 이야기하는 일은 없을 것이다. 피를 나눈 혈육이나 친구 사이에서도 그럴 필요는 없다. 큰 은혜를 베푼 사람에게도 자신을 완전히 드러낼 필요는 없다. 본심을 드러내는 것과 사람에게 호의를 보이는 것은 완전히 별개의 문제다.

제아무리 친밀한 관계일지라도 늘 예외는 있다. 친구에게조차 비밀로 삼고 있는 일 한두 개 정도는 누구에게나 있다. 아들이라고 해서 아버지에게 모든 것을 털어놓지는 않는다.

어떤 사람에게는 가르쳐준 일을 다른 사람에게는 숨기고, 어떤 사람에게는 비밀로 해둔 일을 다른 사람에게는 밝힌다면 모든 것을 고백했으면서도 모든 것을 숨기는 것과 다름없다.

해서는 안 될 말을 해서 얻는 불이익, 침묵을 지켜 얻는 이익 모두를 평등하게 나눠가질 수 있도록 해야 한다. 서로의 명예가 걸려 있으면 공동의 이익을 위해서 손을 잡게 될 것이며 상대방의 명예가 실추되면 자신의 명예에도 상처를 입게 되니 필사적으로 상대방에 대한 명예를 지키려 할 것이다.

비밀은 타인에게 밝히지 않는 편이 좋지만 어쩔 수 없을 경우에는 교묘한 수단을 사용해서 상대방이 타인에게 그것을 말하지 못하도록 해야 한다. 위험을 공유해야 한다. 그러면 서로가 공동의 이익을 지키기 위한 행동을 하게 되며 상대방이 나를 배신하고 반대파에 붙는 일은 없을 것이다.

지나치게 친숙해져서는 안 된다. 상대방이 윗사람이라면 위험에 처하게 되고, 아랫사람이라면 위엄을 잃게 된다.

판단을
보류하라

이 세상은 거짓으로 넘쳐나고 있다. 따라서 쉽게 타인을 신용해서는 안 된다. 앞뒤 가리지 않고 판단을 내리면 뒤에 귀찮은 문제에 휘둘려 낭패를 당할 수도 있다.

물론, 상대방의 말이 사실인지 아닌지 노골적으로 의심하는 것도 좋지 않은 일이다. 상대방을 거짓말쟁이 취급을 한 격이 되어 모욕과 더불어 상처를 주게 될지도 모르기 때문이다. 경우에 따라서는 더욱 커다란 불이익을 당하게 될지도 모른다. 타인의 말을 의심한다는 것은 자신의 말에도 거짓이 있다는 사실을 암암리에 고백하는 것이기 때문이다.

거짓말쟁이는 이중으로 괴로움을 맛보게 된다. 사람을 신용하지 못할 뿐만 아니라 사람들로부터도 신용을 얻지 못한다.

현명한 사람은 무슨 말을 듣든 일단 판단을 보류한다. 로마의 정치가이자 웅변가인 키케로 같은 저술가는 타인을 쉽게 사랑해서는

안 된다고 가르친다. 사람은 입으로 거짓말을 할 뿐만 아니라 행동
과 태도로도 거짓말을 한다. 행동과 태도로 하는 거짓말은 더욱 커
다란 재앙을 부르는 법이다.

현명한 사람은 무슨 말을 듣든 일단 판단을 보류한다.

Chapter 4

생존의 지혜

"

공적을 쌓아 타인이 중히 여기도록 만들어야 한다. 약점을 이용해서 자신을 주목하게 만들어서는 안 된다. 때로는 친구 사이에서도 상대의 비밀을 알게 되어 커다란 재앙을 초래하는 경우가 있다. 자신의 비밀을 타인에게 말하면 상대의 노예가 돼버린다.

"

상대의
은혜에
기대지 말라

아무에게나 은혜를 입어서는 안 된다. 그렇게 하다 보면 세상 사람들의 노예가 되어버린다. 남들보다 행복한 환경에서 태어났다면, 그들에게 선행을 베푸는 입장에 있어야 한다. 실력자가 유리하다는 것은 그만큼 많은 사람에게 선행을 베풀 수 있기 때문이다.

　타인이 은혜를 베풀었다고 해서 그것을 호의라고 생각해서는 안 된다. 대부분의 경우, 상대방은 빈틈없이 그것을 이용하기 위해서 은혜를 베푸는 것이기 때문이다.

　선행은 이 세상에서 모습을 감췄으며, 은혜를 입어도 그에 보답하려는 자는 없고, 예의를 아는 사람들도 거의 사라져버렸다. 지금은 선량한 사람이 가장 손해를 보는 시대이며, 그런 풍조는 전 세계에 만연해 있다. 국민 전체가 타인을 짓밟으려 혈안이 되어 있는 나라도 있을 정도다.

어떤 자에 대해서는 반역을 조심해야 하고, 또 다른 자에게서는 배신을, 또 다른 자에게서는 기만을 조심해야 하는 세상이다. 사람들의 악랄한 행동에 주의해야 한다. 이는 내 몸을 지키기 위해서다. 자신은 악에 물들지 않았다 하더라도 타인의 파멸적인 행동에 휘말려서 파멸을 맞이하게 되는 경우도 있다.

그러나 고결한 사람이 자기 원래의 모습을 잃는 경우는 없다. 그에게는 세상 사람들의 악랄한 행동이 훈계가 되기 때문이다.

타인이 은혜를 베풀었다고 해서 그것을 호의라고 생각해서는 안 된다. 대부분의 경우, 상대방은 빈틈없이 그것을 이용하기 위해서 은혜를 베푸는 것이기 때문이다.

생존의 지혜

순진함과
지혜를
겸비하라

비둘기처럼 순진하기만 해서는 안 된다. 때로는 교활한 뱀의 지혜를 무기 삼아 일에 임해야 한다.

사람 좋은 이들처럼 남에게 쉽게 속는 사람도 없다. 거짓말을 해본 적이 없는 사람은 사람들의 말을 간단하게 믿어버린다. 사람에게 속는다고 해서 반드시 어리석은 것은 아니다. 때로는 선량한 성격을 가진 사람이라는 것을 부각해야 하는 경우도 있기 때문이다.

위험을 예지하는 능력이 뛰어난 사람에는 두 종류가 있다. 직접 겪은 여러 가지 체험을 통해서 배운 자와 타인의 경험을 듣고 간접적으로 배운 자다. 사람은 궁지에서 빠져나오는 지혜를 갖추어야 함은 물론 위험을 예지할 수 있는 용의주도함도 갖추고 있어야 한다. 무작정 선량한 것은 아무래도 좋지 않다. 너무 사람이 좋으면 타인의 사심邪心을 불러일으켜 상대방을 악인으로 만들어버리는 경우도 있기 때문이다.

요컨대 뱀의 지혜와 비둘기의 순진함을 함께 갖추어야 한다. 악의에 넘친 괴물이 되어서는 안 된다.

뱀의 지혜와 비둘기의 순진함을 함께 갖추어야 한다. 악의에 넘친 괴물이 되어서는 안 된다.

생존의 지혜

약점을
드러내지
말라

부상을 당한 손가락은 감추어야 한다. 그렇지 않으면 아픈 손가락이 여기저기 부딪히게 된다. 손가락을 다쳤다고 해서 사람들에게 푸념해서는 안 된다.

악의를 품고 있는 사람은 나의 상처를, 약점을 노리고 덤벼든다. 조금이라도 방심한 모습을 보였다가 적의 공격을 받으면 그저 세상의 비웃음거리가 될 뿐이다. 사악한 사람들은 어떻게든 상대를 흥분시키고자 눈을 번뜩이며 상대방을 감시한다. 적은 어디가 아픈지를 은밀하게 알아내려 하며, 온갖 수단을 동원하여 기어코 상처를 찾아내려 한다.

분별 있는 자는 적이 넌지시 떠보아도 거기에는 일절 응하지 않으며, 스스로 초래한 것이든 선천적인 것이든 타인에게 자신의 약점을 잡히지 않도록 애쓴다.

때로는 운명의 여신조차도 나의 상처를 찌르곤 한다. 운명의 여

세상을 보는 달콤한 지혜

신은 속살이 드러난 상처를 향해서 곧바로 달려든다.

자신이 고통스러워하는 일이나 기뻐하는 일을 남에게 밝히지 않도록 세심한 주의를 기울여야 한다. 그렇게 하지 않으면 고통의 씨앗은 언제까지고 남아 있게 된다. 그렇게 기쁨의 원천은 말라버리고 말 것이다.

스스로 초래한 것이든 선천적인 것이든 타인에게 자신의 약점을 잡히지 않도록 해야 한다.

생존의 지혜

뒷모습을
보이지
말라

아무런 손도 쓰지 않은 채 저물어가는 모습을 내보여선 안 된다. 마지막 순간까지 승리 속에서 막을 내려야 한다.

때로는 태양조차도 구름 뒤로 몸을 숨겨 자신의 모습을 사람들에게 보이지 않으려 한다. 그렇게 하면 사람들은 태양이 졌는지를 알지 못한다. 슬픈 최후를 피하기 위해서라도 저물어가는 모습을 사람들에게 보여서는 안 된다.

사람들이 모두 등을 돌리기를 기다려서는 안 된다. 그러면 생매장을 당하게 되며 명성도 끝을 맞이하게 될 것이다. 사려 깊은 자는 경주마를 언제 은퇴시켜야 할지 잘 알고 있다. 언제까지고 달리게 하다 경주 중에 말이 쓰러져버리면 이는 그저 비웃음거리가 될 뿐이니 결코 그렇게는 하지 않는다.

슬픈 최후를 피하기 위해서라도 저물어가는 모습을 사람들에게 보여서는 안 된다.

본심을 숨긴
상대를
주시하라

용의주도한 자들은 상대방의 주의를 다른 곳으로 돌린 뒤, 그 빈틈을 이용해서 공격한다. 불의의 일격을 받고 당황하는 모습을 보이면 완전히 제압해버린다. 이런 무리들은 바라는 것을 얻기 위해 본심을 감추며, 가장 윗자리에 서려는 흑심을 숨긴 채 두 번째 자리에 만족한다. 그런 의도를 숨긴 채 일격의 타이밍을 노린다.

비밀스러운 음모를 품고 있는 자가 있는 한 경계를 늦춰서는 안된다. 상대방의 의도를 알 수 없을 때는 더욱 주의를 기울여야 한다. 세심한 주의를 기울여서 그의 음모를 꿰뚫어보아야 한다. 사냥감을 덮치려 획책하는 상대방의 움직임을 주시해야 한다.

그들이 처음 말하는 것은 본심이 아니다. 그들의 참된 목적은 다른 곳에 있다. 그렇게 사람들의 눈을 속이기에 열을 올리다 자신의 꾀에 넘어가 파멸을 맞이하게 되는 경우도 있다.

상대방이 양보를 할 때도 주의를 기울일 필요가 있다. 상대방의 계획 같은 건 완전히 꿰고 있는 듯 행동하는 것도 적의 움직임을 봉쇄하는 유효한 수단 중 하나다.

비밀스러운 음모를 품고 있는 자가 있는 한 경계를 늦춰서는 안 된다. 상대방의 의도를 알 수 없을 때는 더욱 주의를 기울여야 한다.

비밀스러운 음모를 품고 있는 자가 있는 한 경계를 늦춰서는 안 된다. 상대방의 의도를 알 수 없을 때는 더욱 주의를 기울여야 한다.

생존의 지혜

그의
'우상'을
파악하라

사람을 마음대로 조종하려면 그 사람의 약점을 찾아야 한다. 그저 생각을 바꾸라고 재촉하는 것만으로 타인의 의지를 바꿀 수 없다. 사람의 마음속으로 들어가는 법을 알아야만 하는 것이다.

어떤 특별한 즐거움이 있기 때문에 어떤 일을 하겠다고 마음먹는 것이다. 그것은 사람의 취향에 따라서 제각각 다르다. 누구에게나 마음속으로 숭배하는 '우상'을 가지고 있다. 좋은 사람이라는 평을 바라는 사람이 있는가 하면 자신의 이익이 가장 중요하다고 생각하는 사람도 있을 것이다. 그런데 대부분의 사람들이 숭배하는 것은 쾌락이다.

사람들을 움직이게 만드는 '우상'을 파악하는 것, 그것이 바로 사람을 내 마음대로 조종하는 비책이다. 그것만 알아낸다면 그 사람의 욕망의 문을 열 열쇠를 손에 쥔 것이나 다름없다. 사람을 움직이게 하는 '가장 커다란 동기'를 찾아낸 것이기 때문이다.

그것이 반드시 고상한 것이나 중요한 것이라는 법칙은 없다. 오히려 저속한 것일 경우가 더 많다. 이 세상에는 올바른 행동을 하는 사람보다 어리석고 저열한 행동을 하는 사람들이 더 많다.

사람들을 움직이게 만드는 '우상'을 파악하는 것, 그것이 바로 사람을 내 마음대로 조종하는 비책이다. 그것만 알아낸다면 그 사람의 욕망의 문을 열 열쇠를 손에 쥔 것이나 다름없다. 사람을 움직이게 하는 '가장 커다란 동기'를 찾아낸 것이기 때문이다.

비밀을
공유하지
말라

윗사람의 비밀을 알아서는 안 된다. 함께 배를 먹게 될 것이라고 기대했다가 결국에는 껍질만 먹게 될지도 모를 일이다.

심복이 됐다가 파멸의 길을 걷게 된 사람들은 헤아릴 수도 없이 많다. 애초부터 그리 중히 여기지 않았다면 후에 필요 없어졌을 때는 완전히 버림받게 될 것이다. 윗사람의 비밀을 듣는다는 것은 특권이 아니라 부담이다.

자신의 추한 모습을 비추는 거울을 거추장스럽게 생각하는 자들이 많다. 참된 자신을 알고 있는 자가 눈앞에 있다는 사실 자체를 견딜 수 없기 때문이다.

약점을 쥐고 있는 상대를 좋게 생각할 사람은 없다. 그러므로 타인에게 심적 부담감을 주어서는 안 된다. 상대방이 권력이 있는 사람일수록 더욱 그래서는 안 된다. 공적을 쌓아 타인이 자신을 중히 여기도록 만들어야 한다. 약점을 이용해서 자신을 주목하게 만들어서는 안 된다. 때로는 친구 사이에서도 상대방의 비밀을 알게 되어 커다란 재앙을 초래하는 경우도 종종 있다.

자신의 비밀을 타인에게 말하면 상대방의 노예가 되어버린다. 윗사람이나 지위가 높은 사람이 그런 굴욕을 참아낼 리가 없다. 잃어버린 자유를 찾으려 갖은 방법을 동원해서 상대방을 제거하려고 할 것이다. 도리에 어긋나는 행동일지라도 태연하게 해치울 것이다. 결코 타인의 비밀을 들어선 안 되며, 자신의 비밀을 밝혀서도 안 된다.

결코 타인의 비밀을 들어선 안 되며, 자신의 비밀을 밝혀서도 안 된다.

생존의 지혜

섣부른
동정심을
자제하라

어떤 사람은 불운이라 생각하는 일을 또 어떤 사람은 행운이라고
생각한다. 행복과 불행은 생각하기 나름이기에 값싼 동정심은 발휘
하지 않는 게 좋다.

그렇다고 해서 다른 많은 사람이 불운에 몸부림치고 있을 때, 자
기 혼자만 행복한 표정을 짓고 있을 수도 없다. 불행에 휩싸인 사람
을 보면 동정심이 일게 마련이다. 운명의 장난으로 입은 상처를 치
유해주겠다며 이런저런 쓸데없는 도움을 주기도 한다. 기세등등할
때는 모든 사람의 미움을 사던 사람이 갑자기 모든 사람으로부터
동정을 받게 된다. 그 사람의 몰락한 모습이 미움을 동정으로 바꿔
놓은 것이다.

자신에게 주어진 것이 행운인지 불행인지를 알기 위해서는 날카
로운 통찰력을 가지고 있어야 한다. 어쩐 일인지 불운한 사람들만
사귀는 사람이 있다. 상대방에게 행운이 찾아왔을 때는 가까이 다

가가려 하지도 않다가 그 사람에게 불행이 찾아오면 그에게 끌려버리고 만다. 언뜻 보면 그 사람의 고귀한 마음의 표출이라고도 볼 수 있겠지만, 실은 어리석음 외에 그 무엇도 아니다.

어떤 사람은 불운이라 생각하는 일을 또 어떤 사람은 행운이라고 생각한다. 행복과 불행은 생각하기 나름이기에 값싼 동정심은 발휘하지 않는 게 좋다.

생존의 지혜

존재감을
관리하라

내 존재감을 흐릿하게 만드는 사람들과는 사귀지 말아야 한다. 상대방이 나보다 뛰어나면 내 빛이 희미해진다. 변변찮은 사람들 역시 내 빛을 변변찮고 흐릿하게 만든다.

참된 인간이 되면 세상 사람들로부터 더욱 존경받는다. 하지만 주역을 맡은 사람이 가까이에 있으면 나는 두 번째에 만족해야 하므로 아무런 도움이 되질 않는다.

밤하늘에서는 달이 주위의 별들과 밝음을 다툰다. 하지만 일단 태양이 얼굴을 내밀면 달은 확실히 보이는 것도 아니고, 완전히 사라져버린 것도 아닌 어정쩡한 모습이 된다. 자신의 빛을 잃게 하는 사람 곁에 다가가서는 안 된다. 나를 돋보이게 하는 사람들과만 사귀어야 한다. 마르티알리스의 시에 등장하는 파뷸라는 현명하게도 재주 없고 촌스러운 아기씨들만을 자신의 몸종으로 삼았다. 그렇게 함으로써 자신의 아름다움을 한층 더 부각시켰던 것이다.

골칫거리가 될 만한 사람을 곁으로 불러들일 필요는 없으며, 자신의 명성을 희생해가면서까지 타인을 돋보이게 할 필요도 없다. 아직 미숙하고 성장 단계에 있는 사람들은 뛰어난 사람들과 사귀는 것이 좋다. 세상의 인정을 받게 된 뒤부터는 평범한 사람들과 교제하는 것이 좋다.

골칫거리가 될 만한 사람을 곁으로 불러들일 필요는 없으며, 자신의 명성을 희생해가면서까지 타인을 돋보이게 할 필요도 없다.

생존의 지혜

궁지에
몰린
상대를
이용하라

궁지에 몰린 사람을 잘 이용해야 한다. 무엇인가 부족하면 욕망이 생겨나는 법이다. 바로 그때가 타인을 마음대로 조종할 절호의 기회다. 철학자들은 물건 같은 건 없어도 된다고 말한다. 하지만 정치가들은 궁핍함이 모든 것을 결정하다고 말한다. 틀림없이 정치가들 쪽이 옳다.

타인의 욕망을 발판 삼아 자신의 목적을 달성하는 사람이 있다. 궁지에 몰려 있는 사람을 이용해, 군침이 흐를 정도로 갖고 싶어 하는 것을 슬쩍슬쩍 내보이며 그 욕망을 더욱 부채질하는 것이다.

가진 자는 만족감에 빠져 있기 때문에 미끼를 던져도 그것을 물지 않는다. 갖지 못한 자는 매우 격렬한 공복감이 있기 때문에 이용 가치가 있다. 원하는 것이 좀처럼 손에 들어오지 않으면 사람의 욕망은 더욱 커지게 마련이다.

자신의 목적을 달성하려면 원하는 것을 바로 내주지 말고, 항상 자신에게 의지하도록 하는 것이 가장 교묘한 책략이라고 할 수 있다.

궁지에 몰린 사람을 잘 이용해야 한다. 무엇인가 부족하면 욕망이 생겨나는 법이다. 바로 그때가 타인을 마음대로 조종할 절호의 기회다.

명분 없는
싸움을
피하라

잃을 것이 없는 자와 싸우는 것만큼 불공평한 싸움도 없다. 상대방은 모든 것을 잃고 수치심마저도 잃었기 때문에 거침없이 전장으로 향한다. 모든 것을 버리고 더 이상 잃을 것이 없기 때문에 사람들의 이목에 신경 쓰지 않고 거친 행동으로 앞뒤 가리지 않고 돌진해 들어온다. 그런 사람을 상대로 자신의 명성에 흠집을 내서는 안 된다. 오랜 세월에 걸쳐 충실히 쌓아올린 명성이 어리석기 짝이 없는 행동 때문에 단번에 무너질 수도 있다.

단 한 번의 스캔들로 지금까지 흘린 귀중한 땀이 헛수고가 되어버리고 만다. 도리를 아는 사람은 그런 짓을 하면 얼마나 위험한 일을 당하게 되는지를 잘 안다. 어떤 행동을 하면 자신의 명성에 흠집이 가는지를 잘 알고 있기에 언제나 분별 있는 행동을 하며, 일을 성급히 진행시키지 않기 때문에 항상 여유를 가지고 물러설 수가 있다.

세상을 보는 달콤한 지혜

불공평한 싸움에 몸을 내던지면 많은 것을 잃을 게 빤하다. 설사 상대방을 쓰러뜨렸다 할지라도 잃은 것을 되찾을 수는 없을 것이다.

불공평한 싸움에 몸을 내던지면 많은 것을 잃을 게 빤하다. 설사 상대방을 쓰러뜨렸다 할지라도 잃은 것을 되찾을 수는 없을 것이다.

책략을
눈치채지
못하게
하라

요즘은 책략을 세우지 않으면 살아갈 수 없는 시대다. 그럼에도 교활한 사람이 아닌 분별 있는 사람이라고 보이는 편이 훨씬 더 나을 것이다.

너무 성실해지려고 애쓴 나머지 우직한 사람이 되어서는 안 되며, 눈치가 너무 빨라서 교활한 사람이 되어서도 안 된다. 음험한 사람이라며 경계의 대상이 되기보다는 총명한 사람이라며 존경받는 편이 낫다. 성실한 사람은 누구에게나 사랑받지만, 그만큼 쉽게 속기도 한다.

책략을 성공시키기 위한 가장 중요한 책략은 책략을 눈치채지 못하도록 하는 것이다. 책략을 품고 있다는 사실이 드러나면 속임수를 쓰려 한다는 인상을 주게 된다. 황금시대에는 표리부동한 자가 빛을 보았지만, 철의 시대에서 살아남는 것은 악의를 품고 있는 자였다.

유능한 사람이라는 평을 듣는다는 것은 명예로운 일이며 자신감도 더욱 커지게 된다. 하지만 교활한 사람이라는 평판이 나게 되면, 언제나 사람을 속이려는 것이 아닐까 하는 의심을 사게 된다.

책략을 성공시키기 위한 가장 중요한 책략은 책략을 눈치채지 못하도록 하는 것이다. 책략을 품고 있다는 사실이 드러나면 속임수를 쓰려 한다는 인상을 주게 된다.

천천히
서둘러라

근면하게 일에 임해야 한다. 머리로 진지하게 생각한 일이라면 더욱 몸을 아끼지 말고 신속하게 실행에 옮겨야 한다.

어리석은 사람은 무슨 일이든 주먹구구로 서둘러 행하며, 장애물이 있어도 이에 개의치 않기 때문에 종종 무모한 행동을 한다. 이와 반대로 현명한 사람은 이것저것 망설이다 실패하는 경우가 종종 있다. 어리석은 사람은 무슨 일이 있어도 멈추지 않지만 현명한 사람은 무슨 일이 있을 때마다 멈춰 선다. 판단은 정확하지만 능률이 떨어지고 너무 늦기 때문에 실패하는 경우가 생기는 것이다.

어쨌든 신속함이야말로 행운의 어머니다. 무슨 일이든 내일로 미루지 않는 것이 중요하다. '천천히 서둘러서'라는 말을 모토로 내걸어야 하는 것이다.

물론 신속하게 처리한다고 해서 단박에 자신의 명성을 걸어서는 안 된다. 나쁜 패가 나오면 돌이킬 수 없는 손실을 입게 된다. 누구

세상을 보는 달콤한 지혜

나 한 번은 실수를 하게 마련이다. 특히 처음에는 더욱 그렇다. 머리와 몸의 상태가 언제나 좋으리라는 보장도 없으며, 생각한 대로 일이 술술 풀리는 날만 계속되라는 법도 없다.

따라서 두 번째 기회에도 대비를 해놓아야 한다. 그렇게 하면 처음에 실패하더라도 그것을 만회할 수 있다. 처음에 성공했다면 두 번째는 하지 않으면 그만이다.

무슨 일이든 방법을 바꿔서 다시 한 번 도전할 수 있는 기회를 준비해두어야 한다. 성공 여부는 주위의 여러 상황에 의해 좌우되는 것이다. 행운이 가져다주는 성공은 극히 드물다.

신속함이야말로 행운의 어머니다. 무슨 일이든 내일로 미루지 않는 것이 중요하다. '천천히 서둘러서'라는 말을 모토로 내걸어야 하는 것이다.

생존의 지혜

성공의
지름길,
끝까지
해내라

이것저것 손만 대고 끝까지 해내지 않는 자들이 있다. 변덕스러운 성격 때문에 무엇을 시작해도 오래 지속하지 못한다. 훌륭하게 일을 진행시켰다 하더라도 그것을 마지막까지 끌고 가지 못한다면 누구로부터도 칭찬을 들을 수 없다.

　이런 사람들은 일이 채 끝나기도 전에 벌써 일이 끝난 것이라고 생각한다. 일단 시작한 일을 마지막까지 해내지 못하는 것은 변덕스러운 성격 때문이라고도 할 수 있고, 무모하게 불가능한 일에 도전한 탓일 수도 있다.

　하지만 도전할 만한 가치가 있는 일이라면, 성공할 만한 가치도 있을 것이다. 성공할 만한 가치가 없는 일이라면 대체 무엇 때문에 손을 댔겠는가? 현명한 사람은 사냥감을 쫓기만 하는 것이 아니라 그것을 확실하게 잡아들인다.

　무슨 일이든 빈틈없이 완벽하게 해내야 한다. 설사 시간이 걸리더라도 끝까지 가야 한다. 그것이 가장 빠른 지름길이다. 벼락치기로 해놓은 일은 곧 아무것도 아닌 것이 되어버린다. 영원히 남을 만한 일을 하려면 그에 합당한 시간을 들여야 한다.

세상에서는 완성된 것만이 주목을 받으며, 성공을 거둔 자만이 오래도록 명성을 유지한다. 가치 있는 것을 낳기 위해서는 치열한 노력이 필요하다. 이는 마치 금속과도 비슷하다. 가치 있는 귀금속일수록 제련에 시간이 걸리며 그 나름대로의 무게도 가지고 있다.

무슨 일이든 빈틈없이 완벽하게 해내야 한다. 설사 시간이 걸리더라도 끝까지 가야 한다. 그것이 가장 빠른 지름길이다.

상하관계,
현명하게
처신하라

신참일 때는 모든 사람이 애지중지한다. 새로운 사람이 들어오면 분위기도 바뀌기 때문에 누구나 호의적이다. 주위 사람들에게서도 신선한 기운이 되살아난다.

평범한 자라도 신참일 때는 유능한 고참보다 높은 평가를 얻게 되는 법이다. 하지만 신참을 애지중지하는 것은 매우 짧은 기간 동안임을 명심해야 한다. 4~5일 정도만 지나면 누구도 상대해주지 않는다. 신참으로 대접받고 있을 때 이용할 수 있는 것은 철저하게 이용해야 한다. 인기가 떨어지기 전에 얻을 수 있는 것은 무엇이든 얻어두어야 한다.

신참을 따뜻하게 지켜보는 마음이 사라지면 상대방의 시선도 차가워지며 예전에는 웃어넘기던 일에도 냉혹한 잣대를 들이댄다.

어느 정도 시간이 지나 일에 능숙해졌다 해도 모든 영광은 상사에게 돌려야 한다. 철저하게 추월했다고 생각하면 증오심을 품게 마련이다. 상사를 앞지르는 것은 어리석은 짓이며 결코 좋은 일이 아니다. 자신보다 뛰어난 자에게는 미운 감정을 품게 되는 것이 인지상정이다. 윗자리에 있는 사람일수록 더더욱 그럴 것이다.

사소한 장점이라면 조금만 주의해도 숨길 수가 있다. 미모를 가진 사람이라 할지라도 일부러 꾸미지 않고 차림에 신경을 쓰지 않으면 사람들의 눈에 띄지 않는 법이다. 자신보다 운이 좋거나, 인격이 뛰어나거나, 품성이 뛰어난 사람을 보고 이를 못마땅하게 여기는 사람은 거의 없다. 하지만 자신보다 총명한 사람에 대해서는 시기심을 드러낸다. 특히 윗자리에 있는 사람들은 더 그렇다.

지성이야말로 인간의 자질 중에서도 가장 높은 위치를 차지하는 것으로 높은 자리에 있는 사람들은 이 최고의 자질에서도 정상에 서고 싶어 한다. 높은 곳에 있는 사람들은 자신을 도와주는 자에겐 미소 짓지만 자신을 따라잡으려는 자에겐 차가운 시선을 보낸다.

어떤 조언을 할 때는, 상대방이 잊고 있던 것을 떠올리게 하는 것처럼 하는 것이 좋다. 모르는 것을 가르쳐주겠다는 태도로 해서는 안 된다. 별에게서 그 미묘한 차이점을 배워야 한다. 태양의 아들인 별들은 하늘에서 빛나지만 결코 태양보다 더 밝은 빛을 내려 하지 않는다.

높은 곳에 있는 사람들은 자신을 도와주는 자에겐 미소 짓지만 자신을 따라잡으려는 자에겐 차가운 시선을 보낸다.

비난하는 자보다
칭찬하는 자를
조심하라

사람은 대부분의 시간을 정보 수집하는 데 쓰고 있다.

자신의 눈으로 볼 수 있는 것은 매우 한정적이기 때문에 타인을 믿고 살아가는 것이다.

귀는 진실로 통하는 뒷문이자 허위가 밀려드는 정문이다. 눈으로 보고 얻는 진실보다는 귀로 듣고 얻는 진실이 더 많다. 진실 자체가 귀에 들려오는 경우는 거의 없으며 그것이 멀리서 전해오는 것일 때는 더욱 그렇다. 사람들의 입을 거치는 동안 아무래도 여러 가지 감정이 깃들게 되기 때문이다.

감정은 접촉하는 모든 것에 색을 칠해 그것을 불쾌한 것으로 만들기도 하고 호감이 가는 것으로 만들기도 한다. 그렇게 해서 사람들에게 언제나 편협한 인상을 심어준다.

비난하는 자보다 칭찬하는 자를 더 조심해야 할 필요가 있다. 그 사람의 목적이 무엇인지, 어느 편에 속해 있는지, 무엇을 목표로 삼

고 있는지를 잘 파악해야 한다. 말 속에 숨어 있는 거짓과 모순을
유심히 살펴보아야 한다.

비난하는 자보다 칭찬하는 자를 더 조심해야 할 필요가 있다. 그 사람의
목적이 무엇인지, 어느 편에 속해 있는지, 무엇을 목표로 삼고 있는지를 잘
파악해야 한다.

할 수 있는 한
실수에
주의하라

표적을 천 번 맞추기보다는 한 번도 빗나가지 않도록 해야 한다. 태양을 똑바로 쳐다보는 자는 없다. 하지만 일식으로 빛이 흐려지면 모든 사람이 태양으로 눈을 돌린다. 거듭 성공을 거두어도 대중은 아무런 관심도 보이지 않는다. 하지만 그 사람이 한 번이라도 실수를 하면 세상의 주목을 받게 된다. 뛰어난 업적과 선행보다도 실수와 어리석은 행동이 더욱 사람들의 시선을 끌며 그들 입에 오르내리기 쉬운 법이다.

어떤 실수를 저질렀을 때 처음으로 그 이름이 세상에 알려지는 경우가 많다. 수많은 성공을 거둔 자라 할지라도 단 한 번의 작은 실수를 세상 사람들의 눈에서 숨길 수는 없다. 악의를 품고 있는 자들은 타인의 장점에는 조금도 신경 쓰지 않고 결점에만 눈을 돌리는 법이다.

수많은 성공을 거둔 자라 할지라도 단 한 번의 작은 실수를 세상 사람들의
눈에서 숨길 수는 없다.

뛰어난 업적을
거둔 자의
뒤를 잇지
말라

뛰어난 업적을 거둔 자의 뒤는 잇지 않는 편이 좋다. 자신의 능력이 타인보다 훨씬 더 뛰어나다는 확신이 없다면 누군가의 후임이 되는 것은 한번 생각해볼 일이다.

전임자와 동등한 일을 하는 데만도 그 사람보다 두세 배의 능력이 필요하다. 뛰어난 업적을 거둔 뒤 자리에서 물러나는 것은 사람들의 호감을 사는 교묘한 책략으로, 후임자의 존재감은 아무래도 옅어지게 마련이다.

전임자의 공적에 뒤지지 않는 일을 하려면 한층 더 고군분투하지 않으면 안 된다. 전임자가 만들어놓은 구멍을 메우려 노력해도 주위 사람들은 좀처럼 인정하려 들지 않는다. 역시 구관이 명관이라는 생각을 하게 되기 때문이다.

전임자에 필적할 만한 능력을 가지고 있다 해도 그것만으로는 충분하지 않다. 먼저 그 자리에 올랐던 사람이 그만큼 더 유리한 것이다.

전임자의 명성을 뛰어넘는 데는 그 사람보다 두세 배의 능력이 필요하다.

생존의 지혜

질투의
화살을
피하라

조금 부주의한 행동을 하는 것이 자신의 재능을 사람들에게 알리는 가장 좋은 방법이 될 수도 있다. 질투심에서 남을 배척하는 것은 아주 흔히 볼 수 있는 일로, 특히 속물들의 질투심만큼 사람을 난처하게 만드는 것도 없다. 전혀 흠잡을 데 없는 사람을 두고, 죄를 저지르지 않는 것이 죄라며 몰아세우고 결점이 없는 것이 결점이라며 비난한다.

질투는 수많은 눈을 가진 아르고스가 되어 제아무리 완벽한 자라 할지라도 그에게서 결점을 찾아낸다. 그렇게 함으로써 스스로가 위로를 얻으면 그것으로 충분히 만족하는 것이다. 비난은 번개처럼 지위가 높은 사람들을 노린다.

따라서 때로는 대시인 호메로스처럼 꾸벅꾸벅 조는 것도 괜찮을 것이다. 즉, 일부러 용기와 지성이 결여된 분별없는 행동을 한다기보다는 단지 부주의한 척해 보이는 것이다. 그렇게 하면 사람들의 적의가 약해질 것이다. 그들의 증오심을 폭발시켜 독설을 퍼붓는 일도 잦아들 것이다. 그것은 마치 질투라는 황소 앞에서 붉은 천을 흔들어 소를 자기 마음대로 움직이는 것과 같다. 이렇게 하면 질투의 화살에서 벗어나 불후의 명성을 손에 넣을 수 있을 것이다.

질투는 수많은 눈을 가진 아르고스가 되어 제아무리 완벽한 자라 할지라도 그에게서 결점을 찾아낸다.

그래도
결과를
중시하라

목표를 달성하기보다는 올바른 절차를 밟아서 일을 진행시키는 것에 더욱 신경을 쓰는 사람들이 있다. 하지만 제아무리 열심히 했더라도 실패자라는 오명을 쓰게 되면 그것으로 모든 것이 끝장이다.

승리자에게는 결코 해명을 요구하지 않는다. 세상 사람들은 그저 일의 성패에만 주목할 뿐, 그 과정에는 눈길 한번 주지 않는다.

목표를 달성하면 평판이 나빠질 염려는 없다. 결과만 좋다면 무엇이든 찬란하게 빛나 보이는 법이다. 그가 취한 수단에 어떤 불만이 있다 하더라도 그런 것은 전부 사라져버린다. 따라서 좋은 결과를 얻기 위해서 필요하다면 원래의 방법에서 벗어난 변칙의 수단을 사용하는 것도 하나의 방법이 될 것이다.

세상 사람들은 그저 일의 성패에만 주목할 뿐, 그 과정에는 눈길 한번 주지 않는다.

현실감 있는
공상을
품어라

깊이 생각해서 안전하다고 생각되지 않는 한 어떤 일에도 손을 대지 말아야 한다. 무슨 일을 하면서 실패하는 게 아닐까 두려워하면, 옆에서 보는 사람에게 그것이 생생하게 전달되는 법이다. 그리고 그 사람이 적이라면 더욱더 명확하게 전달된다.

열중하고 있을 때 판단이 흔들리면, 그 열기가 식었을 때 어리석은 사람이라고 여겨지게 된다. 자신의 분별력에 비춰봐서 어딘가 의심스러운 점이 있다고 생각되는데도, 손을 댄다는 것은 위험한 짓이다. 차라리 아무것도 하지 않는 편이 훨씬 더 안전하다.

생각이 있는 사람은 성공으로 가는 데 조금이라도 의심스러운 일에는 절대 관여하지 않는다. 언제나 이성의 빛으로 구석구석까지 비출 수 있는 곳만을 걷는다. 충분히 생각한 뒤, 틀림없을 것이라고 판단한 일에서조차도 성공하지 못하는 경우는 허다하다. 그러니 조금이라도 성공이 의심스럽고 무모하다고 생각되는 일에는 기대를 걸어선 안 된다.

누구나 자신의 힘을 과신하게 마련이지만 능력이 없는 사람일수록 자신을 더욱 높이 평가하는 경우가 많다. 행운이 찾아오기를 바라며 자신은 천재가 아닐까 하는 공상을 하지 않는 자는 없다. 이룰 수 없는 꿈에 사로잡히는 것은 경험을 쌓는 자에게서도 찾아볼 수 있는 일이다.

허망한 공상에 사로잡힌 자에게 현실을 직시한다는 것은 견딜 수 없는 고통이다. 무슨 일에나 분별력 있게 행동해야 한다. 커다란 꿈을 가져야 한다. 하지만 언제나 최악의 경우를 상정하고 일을 시작해야 한다. 그렇게 하면 결과가 어떻게 되든 사태를 냉정히 받아들일 수 있다.

무슨 일이든 조금 위를 목표로 삼는 것이 좋다. 하지만 손이 닿을 것 같지 않을 정도로 터무니없는 곳을 목표로 삼아선 안 된다. 어떤 일을 시작할 때는 과도한 기대감을 품지 말아야 한다. 경험이 부족하면 일을 잘못 전망하기 쉽다. 어떤 경우라도 깊이 생각해서 일을 시작해야 한다. 그렇게 하면 실수를 방지할 수 있다. 자신의 힘이 어느 정도인지를 잘 파악하고, 상황을 잘 판단해서 현실감 없는 공상은 품지 않도록 해야 한다.

커다란 꿈을 가져야 한다. 하지만 언제나 최악의 경우를 상정하고 일을 시작해야 한다. 그렇게 하면 결과가 어떻게 되든 사태를 냉정히 받아들일 수 있다.

진정한
리더십을
구축하라

지위가 높다고 해서 그것을 자랑하면 사람들의 반감을 사게 마련이다. 이왕 자랑을 하려면 지위나 직업이 아니라 인간으로서 우수한 점을 자랑하는 편이 그나마 나을 것이다. 거드름을 피워서는 안 되며 선망의 대상이 되었다고 해서 그것을 자랑해서는 더더욱 안 된다. 옆에서 보기에는 역겨울 뿐이다.

사람들의 존경을 얻기 위해 집착하면 집착할수록 더욱 가볍게 보일 것이다. 무엇보다도 존경받을 만한 사람인가 하는 점에 의구심이 들 것이다. 존경은 구한다고 얻어지는 것이 아니다. 그것을 받기에 합당한 인물일 필요가 있고 그런 사람이라 할지라도 그저 기다림으로 해서 얻을 수밖에 없다.

중요한 지위에 있는 사람에게는 그에 걸맞은 위신이 요구된다. 하지만 위신은 그 지위에 알맞은 만큼만, 직책을 수행하는 데 필요한 만큼만 갖추고 있으면 충분하다. 잘난 척하고 거드름을 피우며

과하게 처신하면 따르려는 마음들을 잃게 될 것이다. 따라서 분위기를 잘 가늠하여 충분한 효과를 발휘할 정도로 처신해야 한다.

열심히 일하는 모습을 인위적으로 사람들에게 보이려 하면, 오히려 그 일에 적합하지 못하다는 인상만 심어주게 된다. 자신의 모든 능력을 발휘하기만 하면 되지, 열심히 일하는 척 겉모습을 꾸미는 것만으로는 성공을 거둘 수가 없다.

자신의 지위에 요구되는 것 이상으로 뛰어난 인간이 되도록 노력해야 한다. 지위에 파묻혀서는 안 된다. 어떤 지위에 오르든 그 자리가 자신의 역량에 부족할 정도로 뛰어난 사람이라는 점을 보이지 않으면 안 된다. 이처럼 재능이 뛰어난 사람은 지위가 올라갈수록 능력을 더욱 향상시켜 그 실력을 사람들에게 확실하게 보여준다.

이에 비해 지혜롭지 못하고 도량이 부족한 사람은 곧 직함에 쫓기며 직책의 중압감에 짓눌려 세상의 평판까지도 나빠지게 된다. 로마의 황제 아우구스투스는 인간으로서 훌륭하다는 점을 군주라는 점 이상으로 자랑스럽게 여겼다고 한다. 고결한 정신과 실력에 바탕을 둔 자신감을 가지고 있어야만 이 같은 경지에 이를 수 있다.

공적을 세운 사람을 더욱 돋보이게 하는 것이 사람을 부리는 비결이다. 그저 공적에 합당한 보답만을 하는 것이 아니라 상대방에게 주목하여 돋보이게 하는 것이다. 도량이 큰 사람만이 이렇게 할 수 있다. 공을 세운 사람에게는 그 자리에서 보답해야 한다. 그렇게 하면 상대방은 더욱 고마워할 것이다.

일에 대한 보수도 빨리 주는 편이 낫다. 미리 보수를 지급하면 일에 대한 의무감이 생겨난다. 그 의무감이 다음에는 감사하는 마음으로 변한다. 그것은 교묘한 변화다. 단, 이런 방법은 좋은 환경에서 자란 사람에게만 써야 한다. 성품이 비열한 자들에게 보수를 일찍 주면 열심히 일하기는커녕 기뻐하며 게으름을 피울 것이다.

함께 있으면 기분이 좋아지는 사람이라는 평판을 듣도록 노력해야 한다. 특히 윗자리에 있는 사람일수록 더욱 그렇다. 가장 윗자리에 있는 사람이 이렇게 하면 모든 부하가 호의를 갖게 된다. 관리자에게 주어진 이점 중 하나는 누구보다도 사람을 기쁘게 해줄 수 있다는 점이다. 친숙함이 느껴지는 태도로 접근한다면 그 인간적 리더십은 막강한 리더십이 될 것이다.

중요한 지위에 있는 사람에게는 그에 걸맞은 위신이 요구된다. 하지만 위신은 그 지위에 알맞은 만큼만, 직책을 수행하는 데 필요한 만큼만 갖추고 있으면 충분하다.

Chapter 5

지성과 품성의 지혜

"

고상한 사색에만 잠겨 있으면 세상일에 어두워지게 된다. 누구나 알고 있
는, 생활에 꼭 필요한 지식을 모르기 때문에 천박한 대중의 웃음거리가 되
며 무지한 사람으로 낙인찍히는 것이다.

"

실체를
똑바로
보라

상대를 집어삼킬 듯한 대담한 기세를 가져야 한다. 사람 보는 법을
바꿔야 한다. 상대방을 지나치게 높이 보고 겁먹을 필요는 없다. 마
음에서부터 지고 들어가 이런저런 생각에 사로잡혀서는 안 된다.
교제가 없을 때는 거물이라고 생각했던 인물이었는데 막상 이야기
를 나눠보니 그리 대단할 것도 없는 사람이라는 사실을 알게 되어
실망하는 경우도 많다. 인간에게는 누구에게나 한계가 있게 마련이
다. 지성이나 성격 면에서 '만약 ~라면'이라는 아쉬움을 가지고 있
지 않은 사람은 단 한 명도 없다.

지위가 높은 사람에게는 그에 어울리는 위엄이 갖춰지게 마련이
지만, 겉보기만큼 뛰어난 자질을 갖춘 사람은 그리 흔하지 않다. 운
명의 신이 높은 지위에 있는 사람에게는 벌로써 그다지 재능을 주
지 않았기 때문이다.

상상은 언제나 홀로 앞서 달려가 실체 이상의 것을 만들어낸다.
현실에 존재하는 것뿐만 아니라 존재할지도 모르는 것까지 보기 때

문이다. 경험과 이성을 바탕으로 사물을 정확하게 꿰뚫어보고 상상의 눈으로 본 것들을 수정해야 한다.

어리석은 자는 과하게 대담해서는 안 되며 현명한 자는 겁을 먹어서는 안 된다. 자신감을 갖는 것이 어리석고 단순한 사람에게도 도움이 되며, 현명하고 용기 있는 자에게는 무엇보다도 강력한 힘이 되어줄 것이다.

상대방의 겉모습에 속는다면 이는 속는 사람에게도 좋은 일이 아니다. 물건을 살 때도 상품에 속는 것보다는 가격에 속는 편이 그래도 낫다. 외견에 현혹되어 잡동사니를 손에 넣고 난 후에 땅을 치고 후회해봐야 소용없다. 물건이 마음에 들면 좀 바가지를 썼다고 생각해버리면 그만이다.

상대방이 어떤 사람인지 알고 싶다면 무엇보다도 먼저 주의 깊게 관찰할 필요가 있다. 사람의 본성을 꿰뚫어보는 데는 뛰어난 능력이 요구된다. 책을 읽어 지식을 넓히는 것뿐만 아니라 인간성에 대해서도 연구를 해야 한다.

상상은 언제나 홀로 앞서 달려가 실체 이상의 것을 만들어낸다. 현실에 존재하는 것뿐만 아니라 존재할지도 모르는 것까지 보기 때문이다. 경험과 이성을 바탕으로 사물을 정확하게 꿰뚫어보고 상상의 눈으로 본 것들을 수정해야 한다.

225

지성과 품성의 지혜

지혜를
붙잡아라

제아무리 뛰어난 능력을 가지고 있다 하더라도 태어난 시대가 맞지 않으면 그 힘을 발휘하지 못한다. 그들 모두 자신에게 맞는 시대에 태어났다고는 볼 수 없으며, 또 가령 그렇다 하더라도 그 이점을 완벽하게 활용한 사람은 그리 많지 않다. 다른 시대에 태어났더라면 그 힘을 활용할 수 있었을 것으로 생각되는 사람도 있다. 아무리 뛰어난 사람이라 할지라도 어느 시대에서나 그 힘을 발휘할 수 있는 것은 아니다.

무슨 일에나 시기라는 것이 있다. 남보다 월등하게 뛰어난 능력이 있다 할지라도 흥망성쇠를 면할 수는 없다. 하지만 지혜는 다르다. 지혜에는 영원한 생명력이 있다. 지금 시대가 지혜를 요구하는 시대가 아니라고 한다면, 다른 시대에서도 지혜는 요구되지 않을 것이다.

지혜에는 영원한 생명력이 있다. 지금 시대가 지혜를 요구하는 시대가 아니라고 한다면, 다른 시대에서도 지혜는 요구되지 않을 것이다.

문제를
판단할
재능을
키워라

기억나게 하기보다는 깨닫게 하는 것이 더 중요하다. 무슨 일에나 기억력에 의존하기보다는 지성을 사용해서 대처하는 편이 좋은 결과를 얻는 경우가 더 많기 때문이다.

때로는 내가 상대방을 깨닫게 해야만 하며, 또 때로는 그들과 앞일에 대해서 상의를 하는 것이 좋을 때도 있다. 이제 실행에 옮기기만 하면 될 정도로 시기가 무르익었음에도 불구하고 그것을 깨닫지 못해 기회를 놓쳐버리는 자가 적지 않다. 이럴 때는 친구가 한마디 조언을 해서 지금이 그 시기임을 지적해주면 좋을 것이다.

당면한 문제가 무엇인지 즉석에서 판단할 수 있다는 것은 뛰어난 재능이다. 그 능력이 없기 때문에 성공 가능성이 있음에도 불구하고 꽃을 피우지 못한 사람들이 많다.

지혜 있는 자는 그것을 타인에게 나눠주고, 지혜 없는 자는 그것을 타인에게 구해야 한다. 지혜를 주는 자는 신중하게, 받는 자는 조심스럽게 그것도 노골적으로 말하지 말고 넌지시 암시하는 데만 그치도록 해야 한다. 특히 조언을 해줄 사람의 이해관계가 얽힌 문제를 언급할 때는 이 사실을 잊어서는 안 된다.

상황을 잘 판단해서, 돌려서 말하는 것으로는 결판이 나지 않을 것 같다면 솔직하게 모든 것을 털어놓는 것도 좋다. 처음에는 "노"라는 대답을 들었지만, 다음에는 여러 방법을 동원해서 "예스"를 이끌어낼 수도 있을 것이다. 대부분 시도해보지도 않기 때문에 바라는 것을 얻지 못하는 경우가 많다.

당면한 문제가 무엇인지 즉석에서 판단할 수 있다는 것은 뛰어난 재능이다. 그 능력이 없기 때문에 성공 가능성이 있음에도 불구하고 꽃을 피우지 못한 사람들이 많다.

타인의
지혜를
구하라

모르는 것이 있으면 알고 있는 사람에게 물어야 한다. 살아가기 위해서는 자신의 것이든 빌린 것이든 지혜가 필요하다. 하지만 세상에는 자신이 무엇을 모르는지 모르는 자가 많으며, 아무것도 모르면서 지혜로운 자처럼 행세하는 자들 또한 많다.

바보에게 듣는 약은 없다. 무지한 자는 자신을 알지 못하기 때문에 자신에게 무엇이 부족한지 알려 하지도 않는다. 자신은 이미 모든 지혜를 맛보았다고 착각하지만 않았더라도 현자로서 그 이름을 남겼을지도 모를 사람도 있다.

사려 깊고 분별력 있는 현자는 극히 소수에 불과하다. 있다 하더라도 그의 가르침을 우러러보는 자가 아무도 없기 때문에 거의 무용지물이 되어버렸다. 타인에게 조언을 구했다고 해서 위엄에 손상이 가는 것도 아니고 재능을 의심받게 되는 것도 아니다. 오히려 더욱 높은 평가를 받을 계기가 될 수도 있다.

세상을 보는 달콤한 지혜

모르는 것이 있으면 알고 있는 사람에게 물어야 한다. 살아가기 위해서는
자신의 것이든 빌린 것이든 지혜가 필요하다.

세련되고
고상한
지식을
쌓아라

풍부한 지식을 쌓아야 한다. 현명한 사람은 세련되고 고상한 지식을 쌓아 그것으로 무장한다. 그것은 저속한 소문 같은 것이 아니라 오늘날의 여러 가지 현상들에 대한 실제적인 지식이다.

그들은 세련된 말로 자신의 이야기를 부각하며 세련된 행동으로 깊은 인상을 심어준다. 그리고 그런 행동을 그때그때의 상황에 따라 즉석에서 행한다.

타인에게 충고를 할 때도 진지하고 딱딱하게 가르치기보다는 농담조로 말하는 편이 훨씬 더 좋은 경우가 많다. 일곱 가지 교양 과목(중세 유럽 학교에서 가르쳤던 과목은 문법, 수사학, 논리학, 산술, 지리, 천문, 음악이었다)으로 제아무리 식견을 높일 수 있다 할지라도, 사람들과의 얘기 속에서 얻는 지혜가 훨씬 더 커다란 도움이 되는 경우도 있다.

풍부한 지식을 쌓아야 한다. 현명한 사람은 세련되고 고상한 지식을 쌓아 그것으로 무장한다.

실용적
지식을
섭렵하라

실용적인 지식을 섭렵해야 한다. 그저 생각만 해서는 안 된다. 실제로 행동하는 것이 중요하다. 현명한 사람일수록 쉽게 속는다. 그들은 놀랄 정도로 박식하지만 일상생활에 필요한 것에 대해서는 아무것도 모른다. 고상한 사색에만 잠겨 있으면 세상일에 어두워지게된다. 누구나 알고 있는, 생활에 꼭 필요한 지식을 모르기 때문에 천박한 일반 대중의 웃음거리가 되며 무지한 사람이라고 낙인찍히는 것이다.

속거나 비웃음거리가 되지 않을 정도라도 조금은 실용적인 지식을 알아두어야 한다. 사무적인 일이나 일을 처리하는 사소한 방법등을 말이다. 그것은 인생에서 그리 중요한 문제가 아닐지도 모르겠지만 생활에서는 꼭 필요한 것들이다. 실제에 도움이 되지 않는 지식은 이 세상에 없는 것과 다를 바 없다. 오늘날에는 살아가는 기술을 알고 있는 자가 참된 지식인이라는 소리를 듣는다.

고상한 사색에만 잠겨 있으면 세상일에 어두워지게 된다. 누구나 알고 있는, 생활에 꼭 필요한 지식을 모르기 때문에 천박한 일반 대중의 웃음거리가 되며 무지한 사람이라고 낙인찍히는 것이다.

결점을
과감히
버려라

완전무결해 보이는 사람에게도 틀림없이 결점은 존재하게 마련이다. 그렇다고 해서 그 결점을 평생의 반려로 삼을 필요는 없으며, 애인처럼 소중히 여길 필요도 없다.

지성에 관계된 결점도 있는데, 총명한 사람일수록 그런 결점이 크게 보여 사람들 눈에 쉽게 띄게 마련이다. 그 사람이 자신의 결점을 모르기 때문이 아니라 그것에 애착을 가지고 있기 때문이다. 그 사람이 자신의 결점을 결점으로 인정하지 않을 뿐만 아니라 그것을 사랑스럽게 여긴다면 이는 이중의 과오를 범하고 있는 것이다.

이런 결점은 뛰어난 미인의 얼굴에 있는 검은 점과 같다. 그들은 남들이 불쾌하게 생각하는 것을 자신의 매력 탓이라고 생각하는 것이다. 제아무리 커다란 애착심을 가지고 있다 하더라도 그런 마음은 떨쳐버리고 그 결점을 제거해야 한다. 그렇게 해서 자신을 더욱 빛나게 해야 한다.

완전무결해 보이는 사람에게도 틀림없이 결점은 존재하게 마련이다. 이런 결점은 뛰어난 미인의 얼굴에 있는 검은 점과 같다. 제아무리 커다란 애착 심을 가지고 있다 하더라도 그런 마음은 떨쳐버리고 그 결점을 제거해야 한다. 그렇게 해서 자신을 더욱 빛나게 해야 한다.

때때로
세련된
농담을
구사하라

세련된 농담은 즐거운 것이다. 유머를 알고 있다는 것은 뛰어난 존재라는 증거다.

때때로 농담을 그만두고 화제를 다른 곳으로 바꿔야 할 때가 있다. 농담이 원인이 되어 매우 심각한 문제가 일어나게 되는 경우다. 그러니 농담처럼 세심한 주의와 테크닉을 필요로 하는 것도 없다. 농담을 하기 전에 상대방이 얼마나 농담을 잘 이해하는 사람인지 알아두어야 한다.

적당히 밝은 성격은 결점이 아닌 하나의 재능이다. 위트를 첨가하면 절묘한 향료가 된다. 교양이 있는 사람은 품위 있게 행동하고 이야기에 유머를 더하면 세상 사람들에게 더욱 사랑받게 된다. 하지만 그들은 분별력을 중히 여기며 결코 예의를 잊지 않는다.

농담을 적절히 이용하면 난국을 어렵지 않게 풀 수 있다. 마찬가지로 타인이 매우 심각하게 생각하는 일이라도 농담을 이용하면 상황이 쉽게 풀린다. 농담에는 신비한 매력이 있어 상대방의 마음을 끌어들이는 데 효과적이다.

물론 농담도 정도껏 해야 한다. 언제나 농담만 해서는 결코 참된 인간이 될 수 없다. 그런 사람은 진지하지 않기에 거짓말쟁이 취급을 받는 것이 고작일 뿐, 누구도 그를 믿으려 하지 않을 것이다. 속고 있는 것이 아닐까, 혹은 놀림을 당하고 있는 것이 아닐까 하는 생각을 끊임없이 할 것이기 때문이다.

항상 농담만 하는 사람이 언제 양식 있는 이야기를 할지 그 누구도 알 수 없다. 이는 양식이 전혀 없다는 말과 다름없다. 쉴 새 없이 농담을 연발하는 것이 유머정신을 발휘하는 것이라고 생각할지도 모르겠지만, 그것은 유머 중에서도 가장 저급한 유머다. 위트가 풍부한 사람이라는 평판을 얻을지는 모르겠지만 그 때문에 분별 있는 사람이라는 평가는 사라지고 말 것이다.

때로는 농담을 하며 유쾌하게 시간을 보내는 것도 좋은 일이지만, 그 외에 시간에는 언제나 진지해야 한다.

세련된 농담은 즐거운 것이다. 유머를 알고 있다는 것은 뛰어난 존재라는 증거다.

적절한
시기에
부탁하라

남에게 부탁을 할 때, 쉽게 부탁할 수 있는 사람이 있는가 하면 부
탁하기가 어려운 사람도 있다. 남에게 부탁을 받으면 도저히 거절
하지 못하는 사람들이 있다. 이런 사람에게라면 쉽게 부탁할 수 있
다. 하지만 무슨 일이든 부탁을 받으면 기계적으로 "노"라고 대답
하는 사람들도 있다. 바로 이런 사람들에게 부탁할 때 기술이 필요
한 것이다.

　부탁을 할 때는 분위기에 따라 적합한 시기를 선택해야 한다. 상
대가 평온하고 기분이 좋아 보일 때를 잘 판단해서 부탁하는 것이
좋다. 상대방이 이쪽의 진의를 파악하려 주의 깊게 경계를 하고 있
을 때 부탁해서는 안 된다. 기쁜 일이 생긴 날에는 모든 사람이 타
인에게 친절을 베푸는 법이다. 몸 안에서 넘쳐나는 기쁨을 다른 사
람에게도 나눠주고 싶은 기분이 들기 때문이다.
　누군가가 부탁을 했다가 거절당하는 것을 봤다면 그날은 포기하

는 것이 좋다. 한 번 거절을 해버리면 다른 일에 대해서도 망설임 없이 거절해버리기 때문이다. 또한 슬픔에 잠겨 있는 사람에게 부탁을 한다는 것도 쓸데없는 짓이다.

상대방에게 먼저 은혜를 베푼 적이 있다면 그것을 빌미로 승낙을 얻어낼 수도 있을 것이다. 하지만 상대방의 성품이 비열하고 호의에 보답해야 할 의무를 전혀 느끼지 못하는 사람이라면 얘기는 또 달라질 것이다.

부탁을 할 때는 분위기에 따라 적합한 시기를 선택해야 한다. 상대가 평온하고 기분이 좋아 보일 때를 잘 판단해서 부탁하는 것이 좋다.

내면에
충실하라

내면적 깊이를 더해야만 참된 인간이 될 수 있다. 다이아몬드의 빛이 내부 환경에 따라 달라지듯, 인간에게도 외면보다는 내면의 풍요로움이 더욱 중요하다.

겉모습만 그럴듯한 인간이 있는데, 이는 건설자금이 부족해서 날림으로 지은 집과 같은 것이다. 입구는 궁전처럼 화려하지만 안으로 들어가 보면 방은 땅을 파서 만든 움막처럼 초라하다.

이런 사람과 사귀면 서로 간에 조금도 편안할 수가 없다. 인사를 주고받고 나면 더 이상 할 얘기가 없다. 처음에는 시칠리아 섬의 종마처럼 이 사람, 저 사람과 활발하고 예의 바르게 말을 주고받지만 곧 수도승처럼 입을 다물어버린다. 끊임없이 솟아오르는 지식의 샘물로 적셔주지 않으면 곧 바싹 말라버린다.

내면적 깊이를 더해야만 참된 인간이 될 수 있다. 다이아몬드의 빛이 내부 환경에 따라 달라지듯, 인간에게도 외면보다는 내면의 풍요로움이 더욱 중요하다.

지성과 품성의 지혜

진실을
지혜롭게
다루라

궁지에서 빠져나오는 방법 중 하나는 말을 얼버무리는 것이다. 세련된 농담으로 복잡하기 짝이 없는 미로에서 빠져나올 수도 있다. 미소를 짓는 것만으로도 어려움을 회피할 수 있다.

이 마지막 방법이 있었기에 그 위대한 명장 곤살로 데 코르도바 _{'위대한 지휘관'이라 불리는 에스파냐의 군인}도 용감하게 싸울 수 있었던 것이다. "노"라고 할 때도 친밀함을 담아서 말하면 화제는 자연스럽게 다른 곳으로 옮겨간다.

대화 중에 거짓말을 해서는 안 된다. 동시에 모든 진실을 너무 낱낱이 밝히는 것도 좋지 않다. 진실만큼 다루기 어려운 것도 없다. 자칫 잘못하면 심장에서 피가 흐르게 될 것이다. 진실을 이야기하는 데도, 또 숨기는 데도 기술이 필요하다.

진실은 모든 사실을 낱낱이 밝히는 데 있는 것이 아니다. 자신을 위해서 입을 다물고 있어야 할 때도 있으며, 타인을 위해서 입을 다물고 있어야 할 때도 있다.

한 번이라도 거짓말을 하면 정직하다는 평판을 잃어버리게 된다. 사람들은 속은 이에게도 잘못이 있다고 생각할 것이다. 하지만 속인 사람은 신의가 없는 사람으로 볼 것이며 따라서 명예도 잃을 것이다.

진실은 모든 사실을 낱낱이 밝히는 데 있는 것이 아니다. 자신을 위해서 입을 다물고 있어야 할 때도 있으며, 타인을 위해서 입을 다물고 있어야 할 때도 있다.

그럼에도
외면에
신경을 써라

내면을 갈고닦음과 동시에 외면에도 신경을 써야 한다. 세상 사람들은 사물의 참모습을 보지 않고 외면을 있는 그대로 받아들인다. 뛰어난 재능을 가진 사람이 그것을 사람들에게 인상적으로 보이도록 노력한다면 세평은 더욱 좋아질 것이다.

눈에 보이지 않는 것은 이 세상에 존재하지 않는 것과 다를 바 없다. 사려 깊고 분별이 있는 사람이라 할지라도 그에 어울리는 인상을 갖고 있지 못하다면 존경받지 못할 것이다. 세상에는 안목 있는 사람보다 외면에 속는 사람들이 훨씬 더 많다.

모든 것이 외면에 의해서만 판단되고 있지만 기만이 판치는 이 세상에 외면이 주는 인상 그대로의 것은 거의 없다고 해도 좋을 것이다. 하지만 바로 그런 시대이기에 제아무리 뛰어난 재능을 가지고 있다 하더라도 그것을 사람들 눈에 띄게 하지 않으면 세상으로부터 인정을 받을 기회조차도 얻지 못하는 것이다.

사람들은 주목을 받으려 한다는 사실을 알게 되면 그가 아무리 뛰어난 외관과 능력을 가지고 있다 하더라도 그것을 오히려 결점이라 생각하며 상대해주지 않을 뿐만 아니라 이상한 행동을 하는 사람이라며 비난할 것이다.

미인도 너무 아름다우면 별로 좋지 못한 세평을 얻는다. 너무 훌륭해서 접근하기 어려운 사람은 반감을 사게 된다. 사람들의 눈을 끌려고 부끄러운 줄도 모르고 눈에 띄는 행동을 하는 사람은 더욱 미움을 받는다.

세상에는 나쁜 행동으로 명성을 얻으려는 자들도 있다. 이런 사람들은 자신의 평판을 떨어뜨릴 새로운 수단을 생각해내서 더욱 세상의 주목을 받으려 한다. 교양이라는 면에서 생각해봐도, 지식이 너무 많으면 자신도 모르게 잘난 척하고 싶어지는 법이다.

사려 깊고 분별이 있는 사람이라 할지라도 그에 어울리는 인상을 갖고 있지 못하다면 존경받지 못할 것이다. 세상에는 안목 있는 사람보다 외면에 속는 사람들이 훨씬 더 많다.

쓸데없이
참견하지
말라

남들이 나를 중히 여겨주길 바란다면 스스로를 중히 여겨야 한다. 자신을 너무 드러내놓지 말아야 한다. 여기저기 나대서는 결코 안 된다. 요구에 응해 나가는 것이라면 환영받을 것이다. 부르지도 않았는데 얼굴을 내밀어서는 환영받지 못할 것이다. 그곳에 가달라고 부탁받지 않았다면 가서도 안 된다.

자신이 주도권을 쥐지 않고는 견디지 못하는 자는, 실패를 하면 미움을 사게 되며 성공한다 하더라도 감사의 말을 듣지 못한다. 쓸데없이 남의 일에 참견하는 사람은 비웃음의 표적이 될 뿐이다. 필요 이상으로 쓸데없는 일에 참견하면 어처구니없는 싸움에 휘말리는 경우도 허다하다.

쓸데없이 남의 일에 참견하는 사람은 비웃음의 표적이 될 뿐이다. 필요 이상으로 쓸데없는 일에 참견하면 어처구니없는 싸움에 휘말리는 경우도 허다하다.

타인을
칭찬하라

타인의 장점을 찾아내서 칭찬해야 한다. 그렇게 하면 고상한 성품을 가진 사람, 눈이 높은 사람이라는 평가를 받게 된다. 사람들은 어떻게 해서든 인정받고 싶어 할 것이다.

한 사람의 좋은 면을 알면 다른 사람의 좋은 면도 바로 알아볼 수 있게 된다. 이러한 눈을 키워서 사람들의 좋은 점을 놓치지 않도록 해야 한다. 사람을 칭찬하는 것은 좋은 이야깃거리가 될 뿐만 아니라, 그 자리에 있던 사람들에게도 올바른 행동을 해야겠다는 생각을 유도한다. 이는 사람들에게 예의 바르게 행동할 것을 권하는 세련된 방법이기도 하다.

이와는 전혀 반대되는 행동을 하는 사람도 있다. 언제나 남의 결점만을 찾아내며, 당사자가 없으면 흉을 보고, 같이 있는 사람의 환심을 사려고만 한다. 이 같은 방법이 통하는 대상은 그런 속임수를 알아차리지 못하는 생각이 얕은 사람들뿐이다. 남의 험담을 한다는 것은 다른 곳에서도 똑같은 이야기를 한다는 것이다. 자신이 그 험담의 표적이 되지 말라는 법도 없다. 또 그중에는 지난날의 뛰어난 업적보다 최근의 하찮은 일에 대해서 자꾸만 이야기하는 사람도 있다. 상대방을 진심으로 존경하는 것이 아니라 입에 발린 소리로 아부하려는 것일 뿐이다.

　사려 깊은 사람은 남들이 갖은 말로 칭찬을 하고 제아무리 입에 발린 소리를 해도, 거기에 속지 않고 상대방의 속마음을 꿰뚫어본다. 그리고 그런 사람들은 다른 사람에게도 그 같은 방법으로 환심을 사려는 것을 절대로 간과하지 않는다.

사람을 칭찬하는 것은 좋은 이야깃거리가 될 뿐만 아니라, 그 자리에 있던 사람들에게도 올바른 행동을 해야겠다는 생각을 유도한다.

상대의
기호를
파악하라

상대방의 기호를 모르면, 기쁘게 해주려고 한 일이 오히려 고통이 될 수도 있다. 남들에게 호감을 사려 노력하지만 결국에는 미움을 받고 마는 꼴이 되는 것이다. 이 모든 게 상대방을 모르는 데서 비롯된다.

같은 말이라 할지라도 기쁘게 생각하는 사람이 있는가 하면, 모욕을 당했다고 생각하는 사람도 있다. 대접할 생각으로 마음을 썼다가 오히려 상대방의 기분을 상하게 하는 경우도 있다. 사람의 기호를 모르면 기껏 친절을 베풀어놓고 미움을 받게 될 수도 있다. 취향을 알고 있다면 좀 더 간단히 기쁘게 해줄 수 있다.

남을 기쁘게 해주겠다며 전혀 엉뚱한 짓만 한다면 감사의 마음은 커녕 선물도 쓸모없는 것이 되어버릴 것이다. 상대방의 성격을 모르면 그 사람에게 만족을 줄 수 없다. 그런 상태로는 상대방을 칭찬할 생각으로 한 말이 모욕감을 주게 될지도 모른다. 자업자득이라 할 수 있다.

　상쾌한 이야기로 사람을 즐겁게 해주려는 것도 마찬가지다. 상대의 기호를 모르는 상태라면 그것도 쓸데없는 이야기로 상대방의 화를 돋울 뿐이다.

상대방의 기호를 모르면, 기쁘게 해주려고 한 일이 오히려 고통이 될 수도 있다. 남들에게 호감을 사려 노력하지만 결국에는 미움을 받고 마는 꼴이 되는 것이다.

은혜를
현명하게
베풀라

은혜를 베푸는 법을 터득해야 한다. 은혜는 한 번에 조금씩, 자주 베풀어야 한다. 상대방이 갚을 수 없을 정도의 은혜를 베풀어서는 안 된다. 남에게 무턱대고 친절을 베푸는 것은 친절이 아니다. 그것은 은혜를 과시하는 것에 지나지 않는다. 그렇게 하면 상대방은 감사함보다 부담감이 더 클 것이다.

상대방이 베푼 은혜를 감사하게 생각하면서도 그 은혜를 갚을 수 없게 되면 교제를 끊어버리는 경우도 있다. 상대방이 부담을 느낄 정도로 은혜를 베풀면 친구를 잃게 된다. 은혜에 보답하려는 마음이 사라지면 서로 적이 될 수도 있다.

신상神像이 자신을 만든 사람의 얼굴을 보고 싶어 하지 않듯이 은혜를 받은 사람은 은혜를 베푼 사람의 곁에 다가가려 하지 않는 법이다. 선물로 상대방을 기쁘게 해주고 싶다면 상대방이 갖고 싶어 하는 것, 그러면서도 서로 간에 부담이 되지 않는 것을 보내야 한다.

상대방이 갚을 수 없을 정도의 은혜를 베풀어서는 안 된다. 남에게 무턱대고 친절을 베푸는 것은 친절이 아니다. 그것은 은혜를 과시하는 것에 지나지 않는다.

255

사람들에게
호감을
주라

누구에게나 호감을 주도록 해야 한다. 세상에는 자신의 판단에 의해 행동하는 것이 아니라 누군가의 뜻에 따라 움직이며 살아가는 사람들이 많다. 사람을 볼 때도 마찬가지다. 좋지 않은 얘기를 들으면 바로 믿어버린다. 쉽게 믿을 수 있을 것 같지 않은 일이라 할지라도 나쁜 소문일수록 사실이라고 착각하기 쉽다.

세상에서의 성공과 명성은 모두 사람들의 존경을 받느냐 못 받느냐에 따라서 결정된다. 올바른 일을 하면 된다고 생각하는 사람도 있지만 그것만으로는 충분하지 않다. 사람들이 호감을 갖도록 노력하지 않으면 안 된다. 상대방을 기쁘게 하는 일은 그다지 밑천이 들지 않는 일이지만 그로 인해서 얻는 것은 매우 크다. 친절한 행동도 말로 살 수 있다는 얘기다.

세계라는 집 속의 도구 중에서 아무런 도움이 되지 않는 것은 하나도 없다. 어떤 사람이라 할지라도 일 년에 한 번 정도는 필요할 때가 온다. 뜻밖의 사람에게 도움을 받게 되는 경우도 종종 있다. 세상 사람들이 누군가에 대해서 이야기할 때는 좋고 싫은 감정에 따라서 이야기하게 되는 것이다.

세상에서의 성공과 명성은 모두 사람들의 존경을 받느냐 못 받느냐에 따라서 결정된다. 올바른 일을 하면 된다고 생각하는 사람도 있지만 그것만으로는 충분하지 않다. 사람들이 호감을 갖도록 노력하지 않으면 안 된다.

과도한
기대감을
조성하지
말라

일을 시작할 때 사람들에게 과도한 기대감을 심어주지 말아야 한다. 기대감을 품게 하면 결과에 따라 배반할 수도 있기 때문이다.

생각대로 되지 않는 게 현실이다. 머릿속으로는 잘할 수 있을 것 같은 일도 실제로는 여러 가지 어려움이 따라붙게 마련이다. 상상에 소망이 더해지면 현실과는 완전히 동떨어진 기대감을 품게 된다. 그렇게 되면 결과가 제아무리 좋아도 기대에 미치지 못한다. 상상했던 것에 미치지 못하면 훌륭하게 해낸 일에도 실망을 느끼기 때문에 칭찬은 좀처럼 들을 수 없다.

이런 간극을 만들어내는 원흉이 바로 희망이다. 양식에서 우러나온 생각을 바탕으로 희망에 브레이크를 걸어야 한다. 그렇게 하면 바라던 것 이상의 기쁨을 얻을 수 있다. 처음에는 사람들의 호기심을 자극하는 정도가 가장 좋을 것이다. 결코 과도한 기대감을 갖게 해서는 안 된다. 현실이 예상을 상회하고, 생각했던 것 이상의 결과를 얻게 된다면 대성공인 셈이다.

이 방법은 나쁜 일엔 해당되지 않는다. 재난은 최악의 사태를 상정해서 준비하면 그것이 현실로 나타나도 기꺼이 받아들일 수 있게 되는 법이다. 파멸을 가져올 것이라고 두려워하던 일까지도 견딜 수 있게 한다.

일을 시작할 때 사람들에게 과도한 기대감을 심어주지 말아야 한다. 기대감을 품게 하면 결과에 따라 배반할 수도 있기 때문이다.

늘
자신을
새롭게 하라

뛰어난 업적도 언젠가는 낡은 것이 되며 그와 함께 명성도 잦아든다. 무슨 일이든 익숙해지면 감탄하는 마음도 줄어든다. 큰 업적을 이룬 사람이라 할지라도 나이를 먹으면 이렇다 할 장점도 없는 신인들에게 추월을 당하게 마련이다.

따라서 용기나 지성 그리고 행운과 그 외의 모든 것에서 언제나 자신을 새로이 거듭나게 해야 한다. 재능의 빛을 되찾고, 태양처럼 거듭해서 모습을 드러내며, 새로운 자신의 자리를 만들어야 한다. 힘을 아끼며 재능을 전부 내보이지 않으면 사람들은 이를 안타까워할 것이다. 바로 그때 모든 재능을 발휘하면 박수갈채를 받게 될 것이다.

용기나 지성 그리고 행운과 그 외의 모든 것에서 언제나 자신을 새로이 거듭나게 해야 한다.

지성과 품성의 지혜

정의의
편에
서라

언제나 이성에 바탕을 둔 행동을 하고 정의를 중히 여겨야 한다. 사실, 이 시대에서 정의에 몸을 바치는 사람을 거의 찾아볼 수 없다. 정의를 부르짖는 사람은 많지만 몸으로 정의를 실천하는 사람은 거의 없는 것이다.

정의를 행하는 사람이 있기는 하지만 그것은 위험이 미치지 않는 범위 내에서만 이루어진다. 조금이라도 신변에 위협을 느끼면 사기꾼들은 정의를 버리며, 정치가들은 교활하게 정의의 깃발을 내리고 모르는 척 시치미를 뗀다.

때로 정의는 우정과 권력은 물론 자신의 이익조차도 거침없이 던져버린다. 바로 그렇기 때문에 사람들은 정의를 버리는 것이다. 약삭빠른 사람들은 교활한 궤변을 늘어놓으며 '더 고매한 목적을 위해서' 혹은 '안전을 확보하기 위해서'라는 그럴듯한 명분을 내세우기 시작한다.

하지만 진실에 충실한 사람은 이러한 속임수를 용서할 수 없는 배신이라 생각하고, 약삭빠르게 입장을 바꾸지 않으며, 더욱 자부심을 갖고 신념에 따라 행동하며, 언제나 정의의 편에 선다.

그들이 다른 사람과 의견을 달리하는 것은 그들의 마음이 변했기 때문이 아니라 다른 사람들이 진실을 포기해버렸기 때문이다.

진실에 충실한 사람은 속임수를 용서할 수 없는 배신이라 생각하고, 약삭빠르게 입장을 바꾸지 않으며, 더욱 자부심을 갖고 신념에 따라 행동하며, 언제나 정의의 편에 선다.

인내심을
길러라

어리석은 자의 행동에는 눈을 감아야 한다. 총명한 자일수록 사람을 보는 눈이 엄격해지는 법이다. 지식이 더할수록 인내심이 약해지기 때문이다. 학식 높은 사람의 눈에 차는 사람은 그리 흔하지 않은 법이다.

그리스의 철학자 에픽테토스는 "살아가는 데에서 가장 중요한 것은 무슨 일이든 참아내는 것이다"라고 말했다. 이 사실을 안다면 일생의 지혜 중 절반을 깨달은 것이라고 그는 말했다.

어리석은 자의 행동을 못 본 척 눈감아준다는 것은 대단한 인내심을 필요로 하는 일이다. 무슨 일이 있어도 뒤를 돌봐줘야 하는 사람 때문에 심각한 고민에 빠질 수도 있기 때문이다. 하지만 바로 그때가 인내심을 기를 절호의 기회다. 인내심은 종국에 더할 나위 없는 평안을 사람에게 가져다준다. 그 평안함이야말로 인생에서 가장 큰 행복이다.

인내심은 더할 나위 없는 평안을 사람에게 가져다준다. 그 평안함이야말로
인생에서 가장 큰 행복이다.

올바른
지식을
추구하라

지식이 올바른 목적과 결합되면 풍성한 열매를 맺을 수 있다. 그러나 지식이 사악한 목적과 결부된다면 그것은 혐오스럽기 그지없는 강간이라 부를 만한 것이 돼버린다.

악의는 완전무결한 것까지도 좀먹는다. 거기에 지혜까지 가세한다면 그것을 막을 수 있는 것은 아무것도 없다.

뛰어난 재능이 비열함에 물들면 그 앞길에는 파국만이 있을 뿐이다.

지식이 올바른 목적과 결합되면 풍성한 열매를 맺을 수 있다.

세상을 보는 달콤한 지혜

초판 1쇄 인쇄 2014년 1월 13일
초판 1쇄 발행 2014년 1월 20일

지은이 / 발타자르 그라시안
엮은이 / 장운갑
펴낸이 / 김의수
펴낸곳 / 레몬북스(제 396-2011-000158호)
주 소 / 경기도 파주시 문발로 115 세종출판타운 404호
전 화 / 070- 8886-8767
팩 스 / 031-955-1580
이메일 / kus7777@hanmail.net

ISBN 979-11-85257-02-0 (13320)